Doreen Blumhagen

# Mein

# 1·1 und 1:1 Lapbook

Kopiervorlagen zum Schneiden, Falten und Weitergestalten

Verlag an der Ruhr

# Impressum


**Titel**
Mein 1 · 1- und 1 : 1-Lapbook
Kopiervorlagen zum Schneiden, Falten und Weitergestalten

**Autorin**
Doreen Blumhagen

**Umschlagmotiv**
Gebastelte Lapbooks: Doreen Blumhagen

**Fotos**
Doreen Blumhagen

**Illustrationen**
Wenn nicht anders angegeben: Verlag an der Ruhr

**Druck**
Heenemann GmbH & Co. KG, Berlin, DE

**Verlag an der Ruhr**
Mülheim an der Ruhr
www.verlagruhr.de

**Geeignet für die Klassen 2–4**

**Unser Beitrag zum Umweltschutz:**
Wir sind seit 2008 ein ÖKOPROFIT®-Betrieb und setzen uns damit aktiv für den Umweltschutz ein. Das ÖKOPROFIT®-Projekt unterstützt Betriebe dabei, die Umwelt durch nachhaltiges Wirtschaften zu entlasten. Unsere Produkte sind grundsätzlich auf chlorfrei gebleichtes und nach Umweltschutzstandards zertifiziertes Papier gedruckt.




**ISBN 978-3-8346-3902-8**

# Inhaltsverzeichnis



## Kopiervorlagen



### Das kleine Einmaleins



### Das kleine Einsdurcheins



### Zusätzliches Material

# Methodische und didaktische Hinweise

## Lapbook – Was ist das?

In einem Lapbook dokumentieren und präsentieren Schüler* ihre Lern- und Arbeitsergebnisse in einer individuellen Entdeckermappe. Diese mehrfach aufklappbaren Mappen enthalten viele verschiedene Minibücher mit Informationen zu einem Gesamtthema. Das Besondere daran ist, dass diese Minibücher z. B. zuerst aufgeklappt, gedreht oder durchgeblättert werden müssen, um die Informationen lesen zu können, wodurch die Neugier beim Lesenden geweckt wird. Solche Minibücher können z. B. kleine Hefte, Drehscheiben, Pop-up-Karten, Taschen, Leporellos oder Faltbücher sein.
Diese werden von den Schülern selbstständig bastelnd, malend und schreibend zu den Teilthemen gestaltet. Dabei kann es sich z. B. um Einmaleins- und Einsdurcheins-Reihen und Rechenspiele handeln.

Die fertigen Minibücher werden von den Schülern gesammelt und auf einen Tonkarton, meist in der Größe DIN A3, geklebt. Der Tonkarton selbst wird auf DIN-A4-Größe gefaltet. Auf diese Weise entsteht ein großes Buch mit vielen kleinen Büchern (vgl. Beispielfotos S. 11).

Die Bezeichnung „Lapbook" bedeutet, dass die Mappe nur so groß ist, dass sie auf dem Schoß (engl. „lap") des Schülers Platz hat.

## Vorteile eines Lapbooks

Durch die optische Besonderheit und den Bastelaspekt ist die Erstellung eines Lapbooks für die Schüler sehr **motivierend**, da sie die Möglichkeit haben, etwas Einzigartiges und Individuelles zu gestalten. Die Schüler arbeiten **selbstständig** und setzen sich **vertieft** mit einem Thema auseinander.

Lapbooks können Ihre Schüler zu **allen Sachthemen**, aber auch **zu allen Übungsthemen** des Grundschulunterrichts anfertigen.

Die Gestaltung eines Lapbooks können Sie in **verschiedene Unterrichtsformen** integrieren. So ist der Einsatz sowohl als Ergebnissicherung im lehrerzentrierten Unterricht als auch als selbstständige Aufgabe im offenen Unterricht möglich.

Lapbooks ermöglichen es, Themen **differenziert und individuell** zu erarbeiten. So können leicht unterschiedliche Schwierigkeitsgrade durch Impulse und Aufgabenstellungen gesteuert werden. Die Schüler haben die Möglichkeit, Teilthemen auszuwählen und auf verschiedene Art und Weise zu präsentieren und eigene Ideen einzubringen.

Die Erstellung eines Lapbooks kann in **Einzel-, Partner- oder Gruppenarbeit** erfolgen und eignet sich dadurch auch für den inklusiven Unterricht.

Bei der Präsentation eines Lapbooks wird aufgrund des interaktiven Aspekts die **Neugier** bei dem Betrachter geweckt, immer wieder etwas Neues zu entdecken.

Lapbooks sind nach der Erarbeitung auch ideal zum **Lernen und Wiederholen** von Inhalten.
Die Lösungen sind durch die Klappen zunächst abgedeckt. Die Schüler nennen die Lösungen und können diese eigenständig durch das Öffnen überprüfen.

Durch die Minibücher können **viele Informationen** zu einem Thema auf **wenig Platz** präsentiert werden. Das Lapbook wird auf DIN-A4-Größe gefaltet und passt, im Gegensatz zu einem herkömmlichen Plakat, in jeden Hefter. Als praktikabel hat sich die Aufbewahrung in einer Prospekthülle erwiesen.

---

* Aus Gründen der besseren Lesbarkeit haben wir in diesem Buch durchgehend die männliche Form verwendet. Natürlich sind damit auch immer Frauen und Mädchen gemeint, also Lehrerinnen, Schülerinnen etc.

# Hinweise zum Einsatz des „Mein 1·1- und 1:1-Lapbooks“

Ihr „1·1- und 1:1-Lapbook“ gestalten die Schüler im Verlauf der 2. Klasse oder zu Beginn der 3. Klasse. Im Lapbook sammeln und dokumentieren die Schüler ihren Lernprozess zur Einführung der Multiplikation und Division im Zahlenraum bis 100.

## Welches Material wird benötigt?

**◎ Die Faltvorlagen**
Für ihr „1·1- und 1:1-Lapbook“ stehen den Schülern über **40 verschiedene Faltvorlagen** zu den Rechenoperationen inklusive der **Faltanleitungen** und konkreten **Aufgabenstellung** zur Verfügung.

Um den Schülern das Falten der Minibücher zu erleichtern, bietet es sich an, ihnen Muster vorzubasteln und ihnen als Anschauungsbeispiel (ohne Inhalt) zur Verfügung zu stellen. Diese können z.B. auf einem Plakat, in mehreren Lapbooks oder auf Karteikarten zentral im Klassenzimmer bereitgestellt werden.

Damit die Schüler individuelle Lapbooks gestalten können, wurden die Minibücher zum Einmaleins und Einsdurcheins so gestaltet, dass jede Reihe damit bearbeitet werden kann.

**◎ Benötigtes Zusatzmaterial**
Zum Start benötigt jeder Schüler einen **farbigen DIN-A3-Karton**, der als Umschlag des Lapbooks auf DIN-A4-Größe gefaltet wird. Je nach Umfang der Arbeitsergebnisse kann dieser Umschlag während der Gestaltung des Lapbooks leicht durch einen zusätzlichen DIN-A3-Karton oder Einzelklappen für weitere Minibücher erweitert werden.

**Tipp:** Für das Anbringen von Klappen bieten sich am besten breites Papier- oder Stoffklebeband (Washi-Tape) oder Malerkrepp an. Rechnen Sie damit, dass Ihre Schüler beim Befestigen der Klappen Ihre Hilfe benötigen.

Für die Gestaltung der meisten Faltvorlagen benötigen die Schüler **Kleber, Schere sowie Bunt- und Schreibstifte**. Für Drehelemente werden außerdem oft **Musterbeutelklammern** eingesetzt. Stellen Sie zudem ein **Heftgerät** zur Verfügung.

Für die inhaltliche Erarbeitung können Sie mit dem in der Klasse üblichen Unterrichtsmaterial, wie **Lehrbüchern, Arbeitsheften** oder **Karteien,** arbeiten. Auch die Kombination mit einer interaktiven Tafel hat sich bewährt.

Wenn für eine Vorlage Zusatzmaterial benötigt wird, wird dieses in der folgenden **Gesamtübersicht** (siehe Seite 8–10) aufgeführt.

## Welche inhaltlichen Ziele werden umgesetzt?

Das Material ist so aufbereitet, dass bei der Gestaltung des Lapbooks verschiedene Schwerpunkte gesetzt werden können:

**1. Schwerpunkt: Das kleine Einmaleins (S. 17–42)**
Bei diesen Materialien stehen alle Reihen des Einmaleins, Rechenstrategien, verschiedene Möglichkeiten zur Erarbeitung, wie z.B. das Hunderterfeld oder die Einmaleinstafel, sowie Spiele im Mittelpunkt der Erarbeitung. Die Einführung erfolgt über die Additionsaufgaben.
Je nach verwendetem Lehrbuch können Sie die passenden Lernhilfen auswählen.

**2. Schwerpunkt: Das kleine Einsdurcheins (S. 43–56)**
Die Schüler gestalten zu jeder Reihe des Einsdurcheins die Minibücher mit ihren Umkehraufgaben und üben diese spielerisch.

Beide Schwerpunkte können einzeln oder miteinander kombiniert in einem Lapbook gestaltet werden.

**Tipp:** Wenn Sie beide Schwerpunkte miteinander kombinieren möchten, bietet es sich an, mehrere Lapbooks in Grundfaltung (siehe unten) aneinanderzukleben und die Minibücher strukturiert und z.B. farblich sortiert nach Rechenoperation einzukleben.

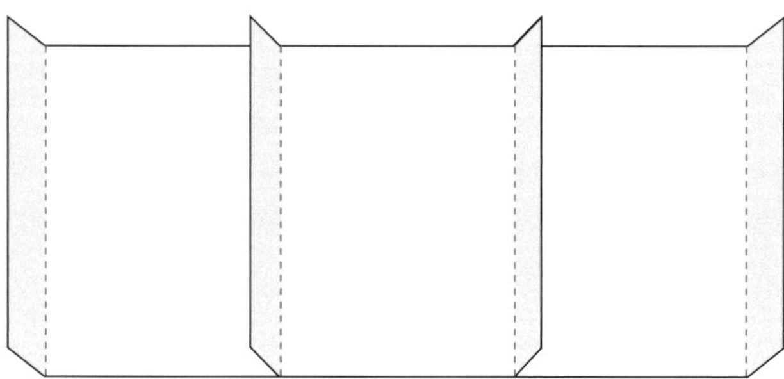

## In welchen Unterrichtsphasen wird das Lapbook gestaltet?

Für die Gestaltung des Lapbooks bieten sich verschiedene Unterrichtsphasen an:

**1. Möglichkeit: Parallel zur Unterrichtseinheit**
Die Schüler gestalten ihr Lapbook **begleitend zur Erarbeitung des Einmaleins und Einsdurcheins** während des gesamten Lernprozesses.

Dabei können Sie methodisch unterschiedlich vorgehen:

- Die Schüler gestalten die Minibücher nach der gemeinsamen Erarbeitung als Ergebnissicherung und zur Übung im **lehrerzentrierten Unterricht**.
- Die Schüler gestalten die Minibücher **während eines Stationsbetriebs** selbstständig. Dafür werden für einzelne Stationen je ein vorgegebenes Minibuch bearbeitet.
- Die Schüler erarbeiten sich die **Mal- und/ oder Geteilt-Reihen** in ihrem **individuellen Tempo** im **offenen Unterricht**. Sie erhalten z.B. einen Wochenplan mit den zu bewältigenden Aufgaben.

**2. Möglichkeit: Abschluss der Unterrichtseinheit**
Die Schüler gestalten das Lapbook nach der gemeinsamen Erarbeitung der Multiplikation (und Division) selbstständig als Zusammenfassung. Auch hierfür bietet sich das Stationenlernen gut an.

**Tipp:** Stellen Sie den Schülern hierfür einen Laufzettel oder Arbeitsplan zur Orientierung zur Verfügung.

**3. Möglichkeit: Wiederholung**
Die Schüler gestalten ihr Lapbook als Wiederholung zu Beginn des 3. Schuljahres.

## Wie wird das Lapbook im Unterricht eingeführt?

**1. Präsentieren fertiger Lapbooks**
Wenn die Schüler die Lapbook-Methode noch nicht kennen, sollten Sie ihnen bereits fertige 1 · 1- und 1 : 1-Lapbooks (von Vorgängerklassen oder ein von Ihnen gestaltetes Lapbook) zum Stöbern und Entdecken zur Verfügung stellen. Sollte dies nicht möglich sein, können Sie auch die Fotos dieses Buches zeigen.

**2. Zielorientierung**
Informieren Sie Ihre Schüler darüber, dass Sie gemeinsam mit ihnen ein 1 · 1- und 1 : 1-Lapbook gestalten möchten. Geben Sie Hinweise zur genauen Vorgehensweise (z.B. Zeitraum, Inhalt).

**3. Falten und Gestalten des Lapbook-Umschlags**
Falten Sie gemeinsam mit Ihren Schülern den Lapbook-Umschlag. Dafür wählen sich die Schüler Tonkarton in ihrer Lieblingsfarbe aus.
Füllen Sie gemeinsam mit den Schülern die Vorlage für das Deckblatt (S. 14) aus. Die Schüler gestalten die Vorlage farbig. Die Vorlage wird anschließend auf die Titelseite des Lapbooks geklebt.

**4. (Selbstständiges) Arbeiten an den Minibüchern**
Die Schüler erarbeiten (je nach gewählter Vorgehensweise) ihre Minibücher und kleben diese in ihr Lapbook ein.

**5. Präsentation**
Fertige Lapbooks können unterschiedlich präsentiert werden:

- im Klassenzimmer ausgelegt und von den Schülern betrachtet,
- von den Schülern mithilfe von Impulsfragen kurz vorgestellt (Was gefällt mir an meinem Lapbook besonders gut? Was hat mir Spaß gemacht? Was ist mir schwergefallen?),
- beim Elternabend.

**6. Leistungseinschätzung**

Für die Lapbook-Arbeit bietet sich eine prozess- und ergebnisorientierte Leistungseinschätzung an, um den Schülern eine Rückmeldung zur ihrem Lernprozess zu geben. Folgende Kriterien können Sie dabei berücksichtigen:

- Arbeitsverhalten während der Gestaltung
- Gestaltung (schneiden, falten, kleben, malen) des Lapbooks
- Inhaltliche Erarbeitung (Richtigkeit der Ergebnisse, Finden eigener Aufgaben)

Um die Schüler ebenfalls dazu anzuregen, ihren eigenen Lernprozess zu reflektieren und ihr Lapbook einzuschätzen, können Sie den Reflexionsbogen (S. 15) einsetzen.

**7. Weiterer Einsatz des Lapbooks im Unterricht**

Der Vorteil des Materials ist es, dass das Lapbook bereits während der Gestaltung als auch nach der Gestaltung immer wieder zum Üben der Einmaleinsreihen und deren Umkehrung eingesetzt werden kann. Die Lösungen werden durch die Klappen zunächst abgedeckt. Die Schüler nennen die Lösungen und können diese durch Öffnen des Minibuchs selbst kontrollieren. Das Üben kann sowohl in Einzel- als auch in Partnerarbeit erfolgen.

- Die Aufgaben werden als tägliche Übung zu Beginn einer Stunde in Einzelarbeit geübt.
- Die Schüler fragen sich während einer Übungsphase gegenseitig ab.
- Die Schüler spielen gemeinsam die angebotenen Spiele (Alle Spiele können auch in Einzelarbeit eingesetzt werden).
- Die Schüler verwenden ihr bevorzugtes Minibuch (z.B. Einmaleinstafel, Hunderterfeld ...) zum Lösen bzw. Kontrollieren der im Unterricht zu rechnenden Aufgaben.
- Das Lapbook wird zur Wiederholung der Multiplikation und Division zu Beginn der 3. Klasse eingesetzt.

! Bevor das Lapbook zum Üben eingesetzt wird, sollten Sie die eingetragenen Ergebnisse auf Richtigkeit überprüfen!

**Tipp:** Damit das Lapbook immer zur Verfügung steht, bietet es sich an, dieses in einer dickeren Prospekthülle im Hefter aufzubewahren.

# Übersicht der Kopiervorlagen

## Allgemeine Vorlagen

| Material | Beschreibung | Verwendungsmöglichkeiten | Benötigtes Zusatzmaterial |
|---|---|---|---|
| **Symbole**<br>(S. 12) | Erklärung der Symbole auf den Kopiervorlagen | ✔ Aushang im Klassenzimmer<br>✔ Erklärung zu Beginn der Arbeit | |
| **Faltanleitung Lapbook**<br>(S. 13) | illustrierte Anleitung zum Falten eines Umschlags für ein Lapbook | ✔ Kopien für die Schülerhand<br>✔ gemeinsames Falten beim erstmaligen Gestalten eines Lapbooks | für jeden Schüler:<br>♦ mind. ein farbiger DIN-A3-Karton<br>♦ mind. ein farbiges DIN-A4-Blatt |
| **Deckblatt**<br>(S. 14) | Vorlagen für das Deckblatt mit Titel, Name, Klasse und Datum | ✔ Kopien für die Schülerhand<br>✔ Vorlage als Beispiel | |
| **So ist mein „1·1- und 1:1-Lapbook"**<br>(S. 15) | Einschätzung ihres eigenen Lernprozesses durch die Schüler während der Erstellung bzw. nach Fertigstellung des Lapbooks | ✔ Kopien für die Schülerhand<br>✔ Schüler schätzen ihre Lapbookarbeit mit Smileys ein<br>**Tipp:** mind. 2-mal mittig falten und als Minibuch mit in das Lapbook kleben | |
| **So ist dein „1·1- und 1:1-Lapbook"**<br>(S. 16) | Einschätzungsbogen zum prozess- und ergebnisorientierten Bewerten des Lapbooks | Bewertungskriterien vorher besprechen!<br>**Tipp:** Bewertungsbogen auf die Rückseite des Lapbooks kleben | |

## Faltvorlagen zum 1 · 1

| Faltvorlage | Inhaltliche Schwerpunkte | Hinweise | Zusatzmaterial (Lehrer) |
|---|---|---|---|
| **Malaufgaben im Klassenzimmer**<br>(S. 17) | ✔ Plus- und Malaufgaben zu Bildrechengeschichten finden und ausrechnen<br>✔ eigene Malaufgaben im Klassenzimmer finden und Bild dazu zeichnen<br>✔ Plus- und Malaufgabe finden und ausrechnen | zur Einführung der Multiplikation geeignet | |
| **Wir multiplizieren**<br>(S. 18) | ✔ Sprechen von Multiplikationsaufgaben.<br>✔ Fachtermini der Multiplikation: Faktor, Produkt | falls die Felder mit den Fachtermini nicht gewünscht sind, vor dem Kopieren abdecken | |
| **Einmaleins am Hunderterfeld**<br>(S. 19) | beliebige Punktefelder auf dem Hunderterfeld zeigen, Punkte addieren und Malaufgaben schreiben | immer wieder als Rechenhilfe vor der Automatisierung des Einmaleins einsetzbar | Tonkarton oder dünne Pappe für Malwinkel |

| **Meine Einmaleinstafel** und **Meine Einmaleinstafel (blanko)** (S. 20–22) | ✔ Entdeckungen an der Einmaleinstafel<br>✔ Kernaufgaben markieren | ✔ je ein Schieber wird auf einen Faktor in den grauen Feldern geschoben, Ergebnis im Kreuz beider Schieber<br>✔ kann ausgefüllt (S. 20) oder als Leervorlage (S. 21) zum Selbsteintragen ausgewählt werden<br>✔ immer wieder als Rechenhilfe vor der Automatisierung des Einmaleins einsetzbar bzw. zur Selbstkontrolle | Heftgerät |
|---|---|---|---|
| **Mein 1·1 (Vorlagen 1 bis 10)** S. 23–32 | alle Aufgaben einer Reihe des kleinen Einmaleins aufschreiben und das jeweilige Ergebnis festhalten | ✔ die Schüler wählen sich für jede Reihe des Einmaleins ein beliebiges Minibuch aus (evtl. zwei bis drei Vorlagen je Malreihe zur Auswahl stellen)<br>✔ Aufgaben vorher gemeinsam erarbeiten und z.B. als Tafelbild visualisieren<br>✔ Lehrbucharbeit möglich<br>**Tipp:** Kopieren Sie die Einmaleins-Reihen in einer anderen Farbe als die Einsdurcheins-Reihen. Auf diese Weise werden die Aufgaben einer Rechenoperation im Lapbook optisch hervorgehoben. | Vorlage 3 und 5:<br>♦ Musterbeutelklammern<br><br>Vorlage 7:<br>♦ Heftgerät<br><br>evtl. farbiges<br>♦ Kopierpapier |
| **Meine 1·1-Uhr** (S. 33) | Üben des Einmaleins mit Selbstkontrolle | | pro Uhr:<br>♦ 10 Musterbeutelklammern<br>♦ 1 Wollfaden (100 cm) |
| **Meine 1·1-Uhr (Lösungsleporello)** (S. 34) | Regelmäßigkeiten der Reihen auf der 1·1-Uhr erkennen und in eine Leervorlage für Selbstkontrolle einzeichnen | | |
| **Domino (2er-, 4er-, 8er-Reihe)** (S. 35/36) | Automatisieren der 2er-, 4er- und 8er-Reihe | evtl. auf dickeres Papier kopieren | dickeres Kopierpapier |
| **Was passt zusammen? (3er-, 6er-, 9er-Reihe)** (S. 37/38) | Automatisieren der 3er-, 6er- und 9er-Reihe | evtl. auf dickeres Papier kopieren | dickeres Kopierpapier |
| **Mein Puzzle (5er- und 10er-Reihe)** (S. 39) | Automatisieren der 5er- und 10er-Reihe | evtl. auf dickeres Papier kopieren | dickeres Kopierpapier |
| **Drei gewinnt! (7er-Reihe)** (S. 40) | Automatisieren der 7er-Reihe | | ♦ 1 Musterbeutelklammer<br>♦ 1 Büroklammer |
| **Immer 2** (S. 41) | Automatisieren aller Einmaleins-Reihen | evtl. auf dickeres Papier kopieren | dickeres Kopierpapier |
| **Rechenstrategien zum 1·1** (S. 42) | Strategien zum Ableiten nicht automatisierter Einmaleinsaufgaben kennenlernen | Strategien vorher erforschen lassen oder gemeinsam erarbeiten | |

## Faltvorlagen zum 1 : 1

| Faltvorlage | Inhaltliche Schwerpunkte | Hinweise | Zusatzmaterial (Lehrer) |
|---|---|---|---|
| **Telleraufgaben**<br>(S. 43/44) | ✔ Mengen durch Legen gerecht aufteilen, veranschaulichen und lösen<br>✔ Aufgaben ins Heft schreiben | ✔ Legeplättchen in der Legeplättchentasche (S. 57) aufbewahren<br>✔ als Hilfsmittel zum Lösen von Geteiltaufgaben<br>✔ auch Geteiltaufgaben mit Rest möglich<br>✔ das Minibuch zur Einführung der Multiplikation nutzen, z.B.: Lege auf jeden Teller 5 Legeplättchen. | Legeplättchen |
| **Wir dividieren**<br>(S. 45) | ✔ Sprechen von Divisionsaufgaben.<br>✔ Fachtermini der Division: Dividend, Divisor, Quotient | falls die Felder mit den Fachtermini nicht gewünscht sind, vor dem Kopieren abdecken | |
| **Mein 1 : 1 (Vorlagen 1 bis 10)**<br>S. 46–55 | ✔ Divisionsaufgaben und Divisor aufschreiben und das jeweilige Ergebnis festhalten<br>✔ Division als Umkehraufgabe der Multiplikation verstehen | ✔ die Schüler wählen sich für jede Reihe des Einsdurcheins ein beliebiges Minibuch aus (evtl. zwei bis drei Vorlagen je Reihe zur Auswahl stellen)<br>✔ Aufgaben vorher gemeinsam erarbeiten und z.B. als Tafelbild visualisieren<br>✔ Lehrbucharbeit möglich | Vorlage 4:<br>♦ Musterbeutelklammer<br><br>Vorlage 7:<br>♦ Heftgerät |
| **Mein 1 : 1-Spiel**<br>(S. 56) | Automatisieren aller Einsdurcheins-Reihen | | ♦ Musterbeutelklammer<br>♦ Büroklammer |

## Faltvorlagen zum 1 • 1 und 1 : 1

| Faltvorlage | Inhaltliche Schwerpunkte | Hinweise | Zusatzmaterial (Lehrer) |
|---|---|---|---|
| **Meine Legeplättchentasche**<br>(S. 57) | Multiplikations- und Divisionsaufgaben legen und Aufgaben schreiben | zur Aufbewahrung der Legeplättchen | Legeplättchen |
| **Aufgabenfamilien**<br>(S. 58) | alle Tauschaufgaben und Umkehraufgaben einer Aufgabenfamilie erkennen | evtl. weitere Zahlen für Aufgabenfamilien an der Tafel vorgeben | |
| **Rechenrätsel**<br>(S. 59/60) | vorgegebene Rechenrätsel zum Einmaleins und Einsdurcheins lösen und eigene Rechenrätsel erfinden | Kopiervorlage Rechenrätsel (S. 60) teilen, sodass die Aufgaben zu verschiedenen Zeitpunkten gelöst werden können | |
| **Schwere Aufgaben**<br>(S. 61) | schwierige Mal- oder Geteiltaufgaben dokumentieren | | |
| **Mein 1 • 1- und 1 : 1-Pass**<br>(S. 62/63) | Dokumentation der bereits automatisierten 1 · 1- und 1 : 1-Aufgaben. | Mögliche Vorgehensweise:<br>✔ Schüler geben Ausweis ab, um in einer Reihe geprüft zu werden<br>✔ Sie stellen dem Schüler Aufgaben bei der mündlichen Überprüfung (durcheinander)<br>✔ kann der Schüler alle Aufgaben zügig beantworten, wird die Reihe angekreuzt<br>✔ zur Dokumentation erfolgreich geprüfte Reihe datieren | ♦ Heftgerät<br>♦ evtl. Ablage für die Pässe |

# Kopiervorlagen

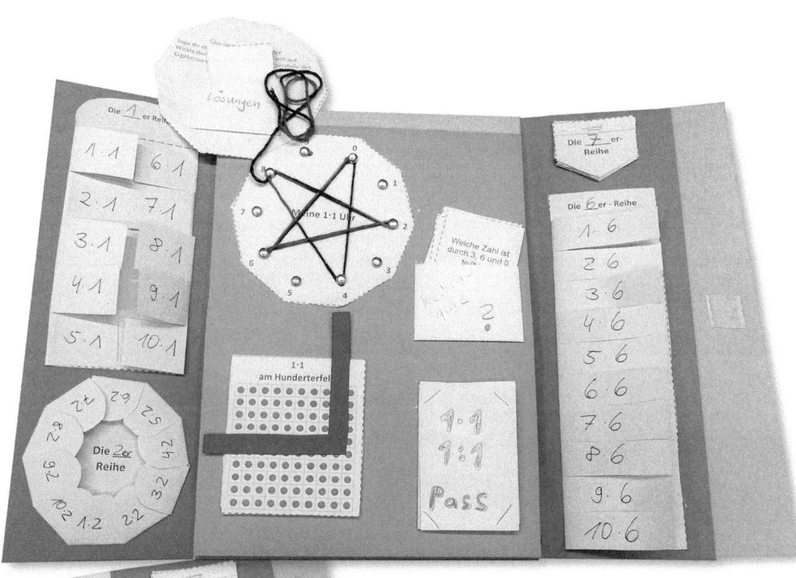

# Symbole

Diese Symbole findest du auf den Materialien. Sie bedeuten:

**Minibuch-Vorlagen:**

Schneide die Vorlage aus.

Falte sie nach der Anleitung.

Klebe die Vorlage zusammen.

Diese Fläche kommt direkt auf deine Lapbook-Vorlage.

Bearbeite die Aufgaben zum Minibuch.

Viel Spaß!

# Faltanleitung Lapbook

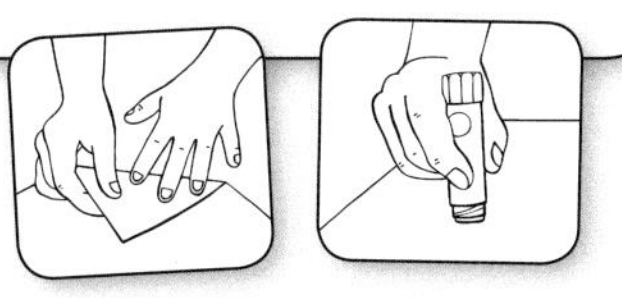

**Du brauchst:**

- 1 farbigen A3-Tonkarton
- 1 farbiges A4-Kopierpapier
- Klebeband
- Tonkartonreste
- Kleber
- Schere

① Falte den A3-Tonkarton in der Mitte.

② Öffne den Tonkarton wieder. Falte nun beide Seiten zur Mitte.

③ Klebe ein farbiges A4-Kopierpapier in die Mitte.

④ Wenn du mehr Platz benötigst, klebst du mit Klebeband weitere Klappen an.

⑤ Klebe für die Geteiltaufgaben ein weiteres Lapbook an der Seite an.

①

②

③

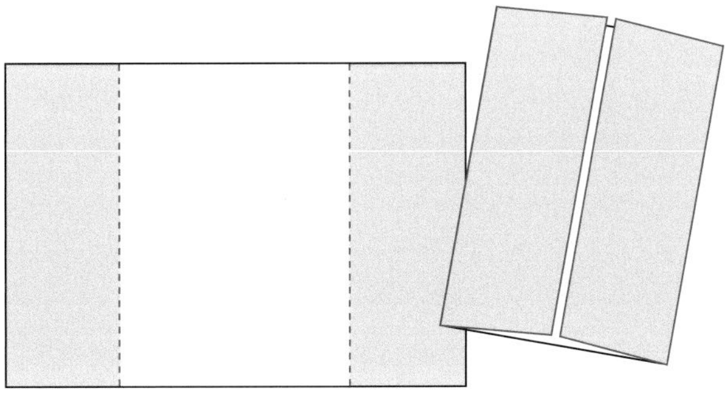

④
Zusatz-
klappe
Zusatz-
klappe

⑤

© Verlag an der Ruhr | Autorin: Doreen Blumhagen | Icons: © Anja Boretzki | ISBN 978-3-8346-3902-8 | www.verlagruhr.de

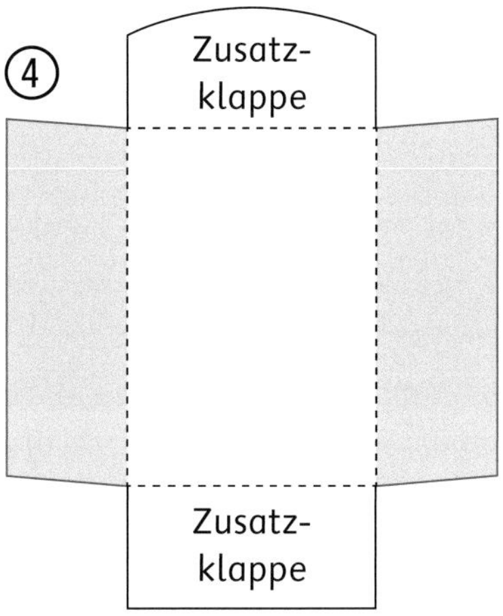

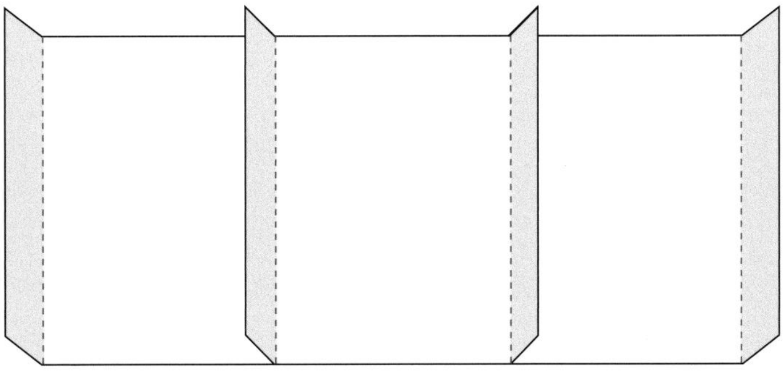

# Deckblatt

Diese Vorlagen kannst du für die Gestaltung deiner Titelseite verwenden.

① Schneide die Vorlagen aus.

② Klebe sie auf die Titelseite.

❸ **Ergänze die Angaben mit deinen Daten.**

❹ **Gestalte die Titelseite passend zum Einmaleins und Einsdurcheins. Verwende auch die Bilder auf dieser Seite.**

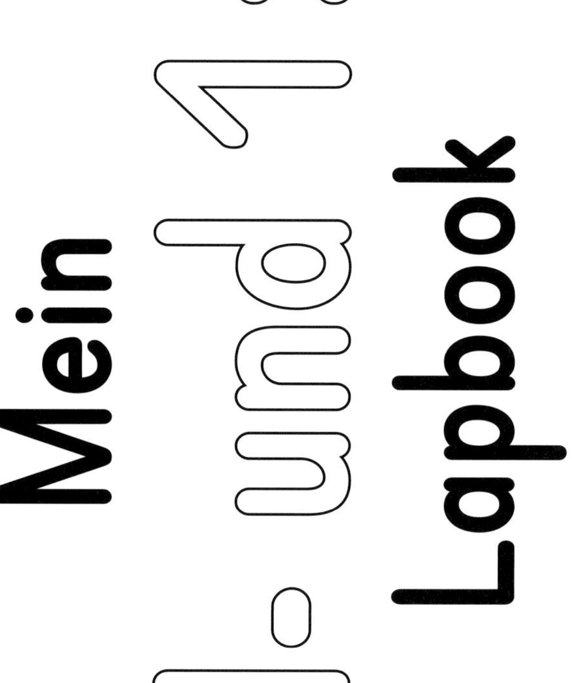


**Mathematik**

**Name:** ..........................................................

**Klasse:** ..........................................................

**Datum:** ..........................................................

© Anja Boretzki

# So ist mein „1 • 1- und 1 : 1-Lapbook“

**Name:** ................................................ **Klasse:** .............. **Datum:** ..............

**Schätze ein, wie du die einzelnen Aufgaben erfüllt hast.**

Ich habe ausdauernd und selbstständig gearbeitet.

Ich habe unsere Arbeitsregeln eingehalten.

Ich habe sorgfältig geschnitten, gefaltet und geklebt.

Ich habe diese Lernhilfe genutzt: ................................................

Ich habe zu jeder 1 • 1-Reihe ein Minibuch gestaltet:

❍ 1er ❍ 2er ❍ 3er ❍ 4er ❍ 5er ❍ 6er ❍ 7er ❍ 8er ❍ 9er ❍ 10er

Ich habe alle gerechneten 1 • 1-Aufgaben kontrolliert.

Ich habe zu jeder 1:1-Reihe ein Minibuch gestaltet:

❍ 1:1 ❍ 2:1 ❍ 3:1 ❍ 4:1 ❍ 5:1 ❍ 6:1 ❍ 7:1 ❍ 8:1 ❍ 9:1 ❍ 10:1

Ich habe alle gerechneten 1 : 1-Aufgaben kontrolliert.

Ich kann mit meinen 1 • 1- und 1:1-Minibüchern üben.

**Das ist mir schwergefallen:**

................................................

................................................

................................................

**Das ist mir leichtgefallen:**

................................................

................................................

................................................

**So gefällt mir mein Lapbook insgesamt:**

# So ist dein „1 • 1- und 1 : 1-Lapbook“

**Name:** ............................................ **Klasse:** ............ **Bearbeitungszeitraum:** ......................

| | | Bemerkungen |
|---|---|---|
| Du arbeitest selbstständig und ausdauernd. | ☺ 😐 ☹ | |
| Du hältst unsere Arbeitsregeln ein. | ☺ 😐 ☹ | |
| Du suchst bei Problemen nach Lösungen. | ☺ 😐 ☹ | |
| Du arbeitest gut mit anderen zusammen. | ☺ 😐 ☹ | |
| Du schneidest, faltest und klebst sorgfältig. | ☺ 😐 ☹ | |
| Deine Gestaltung passt zum Thema. | ☺ 😐 ☹ | |
| Du schreibst und malst sauber. | ☺ 😐 ☹ | |
| Du ordnest deine Minibücher sinnvoll an. | ☺ 😐 ☹ | |
| Du kannst mit deinen Minibüchern üben. | ☺ 😐 ☹ | |
| Du hast alle Pflichtthemen bearbeitet. | ☺ 😐 ☹ | |
| Du hast alle ............ Wahlthemen bearbeitet. | ☺ 😐 ☹ | |
| Du hast eine Lernhilfe zum 1 • 1 gestaltet. | ☺ 😐 ☹ | |
| Du hast zu allen 1 • 1-Aufgaben ein Minibuch gestaltet und richtig gerechnet: ❍ 1er ❍ 2er ❍ 3er ❍ 4er ❍ 5er ❍ 6er ❍ 7er ❍ 8er ❍ 9er ❍ 10er | ☺ 😐 ☹ | |
| Du hast zu allen 1 : 1-Aufgaben ein Minibuch gestaltet und richtig gerechnet: ❍ 1 : 1 ❍ 2 : 1 ❍ 3 : 1 ❍ 4 : 1 ❍ 5 : 1 ❍ 6 : 1 ❍ 7 : 1 ❍ 8 : 1 ❍ 9 : 1 ❍ 10 : 1 | ☺ 😐 ☹ | |
| Du kennst wichtige Rechenstrategien. | ☺ 😐 ☹ | |
| Du schätzt dein Lapbook gut ein. | ☺ 😐 ☹ | |

| Das war besonders toll an deinem Lapbook: |
|---|
| **Diesen Tipp habe ich für dich:** |

**So finde ich dein Lapbook** ☺ 😐 ☹ **Unterschrift:** ......................................

**Unterschrift der Eltern:** ..................................................................

# Malaufgaben im Klassenzimmer

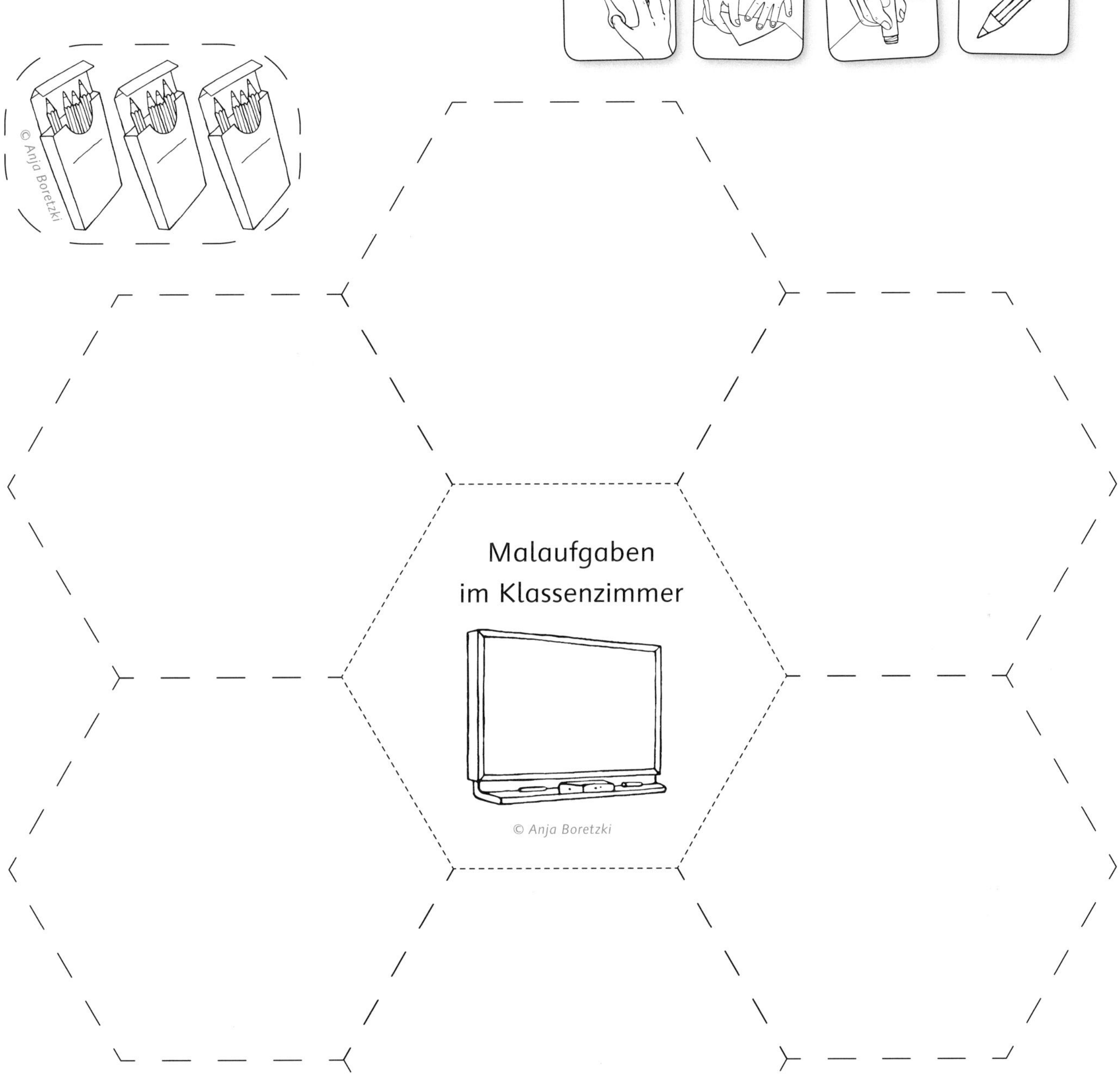


1. Schneide das Minibuch aus.
2. Falte alle Klappen zur Mitte.
3. Klebe das Bild mit den Stiften auf eine Klappen-Vorderseite.
4. Klebe das Minibuch mit der Rückseite auf dein Lapbook.
5. **Schreibe die Plus- und Malaufgabe für das Bild auf die Klappen-Rückseite. Beispiel: 2 + 2 + 2 = 6 ➔ 3 · 2 = 6**
6. **Finde weitere Malaufgaben in deinem Klassenzimmer.**
   - **Male das Bild zur Aufgabe auf die Vorderseite der Klappen.**
   - **Schreibe die Plus- und die Malaufgabe auf die Rückseite.**

# Wir multiplizieren

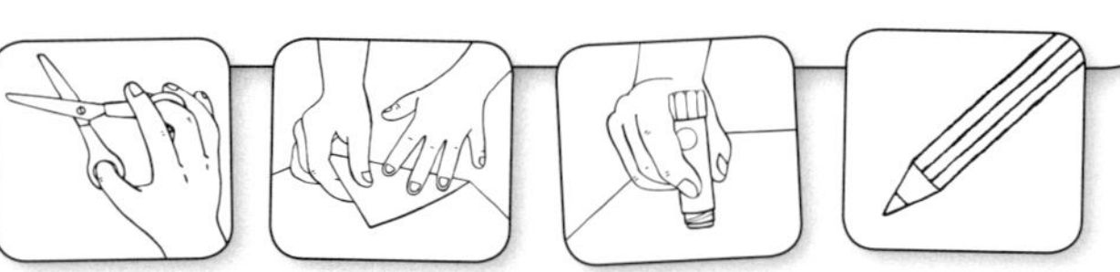

① Schneide das Minibuch aus.

② Klebe die Seiten an den Klebeflächen aufeinander.

③ Klebe das Minibuch mit der Rückseite auf dein Lapbook.

❹ **Seite 1: Schreibe eine Malaufgabe. Jede Klappe steht für ein Kästchen.** (Achtung! Die Zahlen 10 und 100 dürfen nur auf eine Klappe!)
**Seite 2: Wie sprichst du die Aufgabe? Klebe die passenden Wörter auf. Schreibe auch deine Zahlen als Wort.**
**Seite 3: Wie heißen die einzelnen Fachbegriffe einer Malaufgabe? Schreibe oder klebe die passenden Wörter in die Kästchen.**

mal

mal

ist gleich

ist gleich

Produkt

Faktor

Faktor

## Malaufgaben: Wir multiplizieren

*Klebefläche Seite 2*

*Klebefläche Seite 3*

 ISBN 978-3-8346-3902-8 | www.verlagruhr.de

# Einmaleins am Hunderterfeld

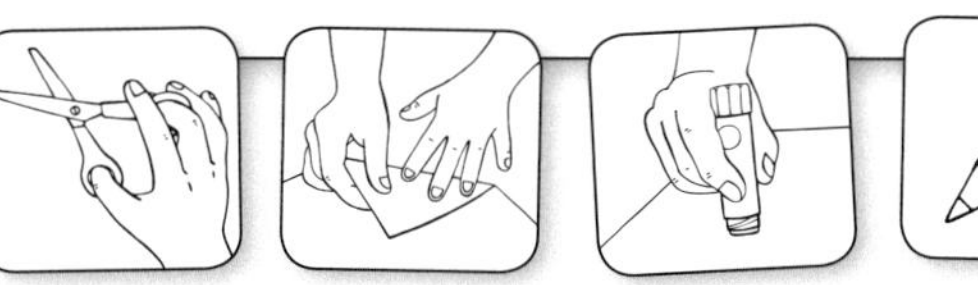

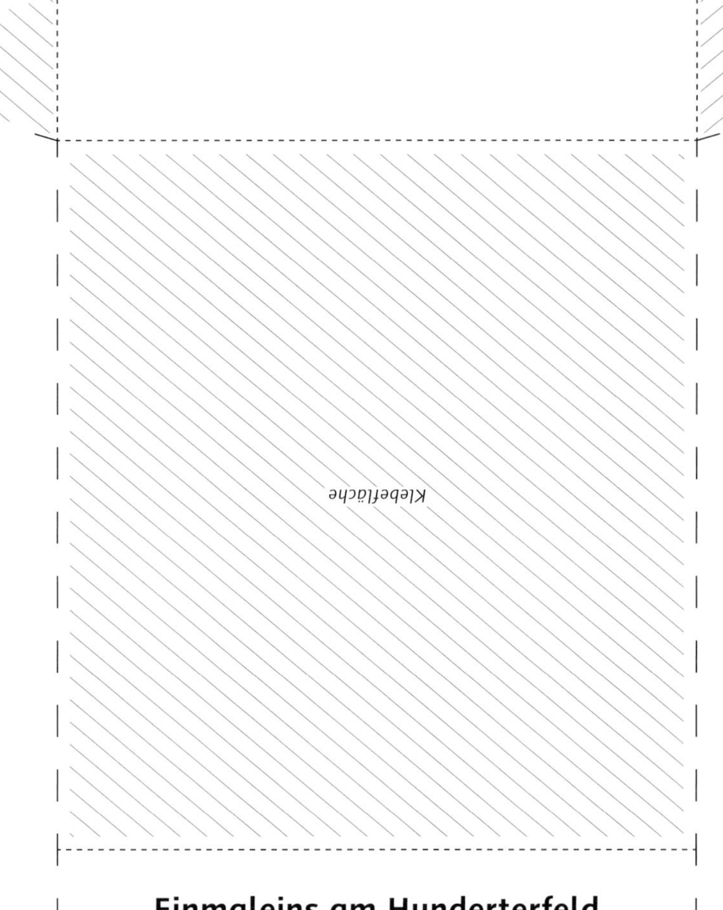


Malwinkel

① Schneide das Minibuch aus.

② Falte die kleine Klappe nach außen und klebe die Klebeflächen auf der Rückseite fest. Es entsteht eine kleine Tasche.

③ Falte das Hunderterfeld darüber.

④ Klebe das Minibuch mit der Klebefläche auf dein Lapbook.
**Tipp:** Klebe den Malwinkel auf Karton und bewahre ihn in der Tasche auf.

**❺ Rechne deine Malaufgaben mit dem Hunderterfeld und dem Malwinkel.**

**❻ Schreibe in das Minibuch Malaufgaben mit Ergebnis.**

# Meine Einmaleinstafel

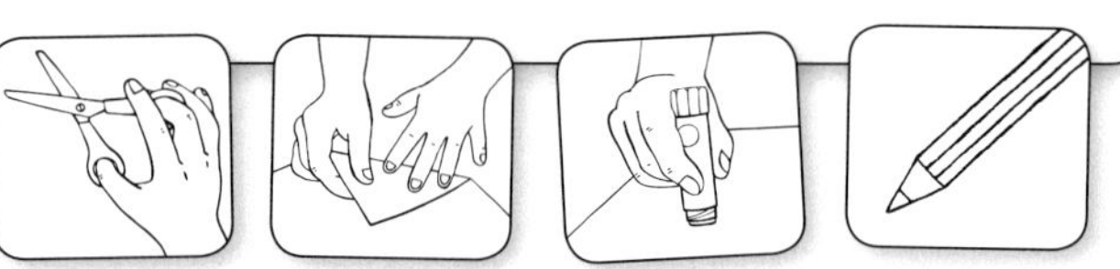

❶ **Lies dir die Bastelanleitung auf Seite 22 genau durch.**

❷ **Markiere alle Kernaufgaben (1er-, 2er-, 5er-, 10er-Reihe) farbig.**

❸ **Rechne Malaufgaben mit deiner Einmaleinstafel. Schiebe dazu die Schieber auf die grauen Zahlen passend zu deiner Malaufgabe.**

Klebefläche

Klebefläche

Klebefläche

Klebefläche

| • | **1** | **2** | **3** | **4** | **5** | **6** | **7** | **8** | **9** | **10** |
|---|---|---|---|---|---|---|---|---|---|---|
| **1** | 1 | 2 | 3 | 4 | 5 | 6 | 7 | 8 | 9 | 10 |
| **2** | 2 | 4 | 6 | 8 | 10 | 12 | 14 | 16 | 18 | 20 |
| **3** | 3 | 6 | 9 | 12 | 15 | 18 | 21 | 24 | 27 | 30 |
| **4** | 4 | 8 | 12 | 16 | 20 | 24 | 28 | 32 | 36 | 40 |
| **5** | 5 | 10 | 15 | 20 | 25 | 30 | 35 | 40 | 45 | 50 |
| **6** | 6 | 12 | 18 | 24 | 30 | 36 | 42 | 48 | 54 | 60 |
| **7** | 7 | 14 | 21 | 28 | 35 | 42 | 49 | 56 | 63 | 70 |
| **8** | 8 | 16 | 24 | 32 | 40 | 48 | 56 | 64 | 72 | 80 |
| **9** | 9 | 18 | 27 | 36 | 45 | 54 | 63 | 72 | 81 | 90 |
| **10** | 10 | 20 | 30 | 40 | 50 | 60 | 70 | 80 | 90 | 100 |

Klebefläche

Klebefläche

Klebefläche

Klebefläche

# Meine Einmaleinstafel (blanko)

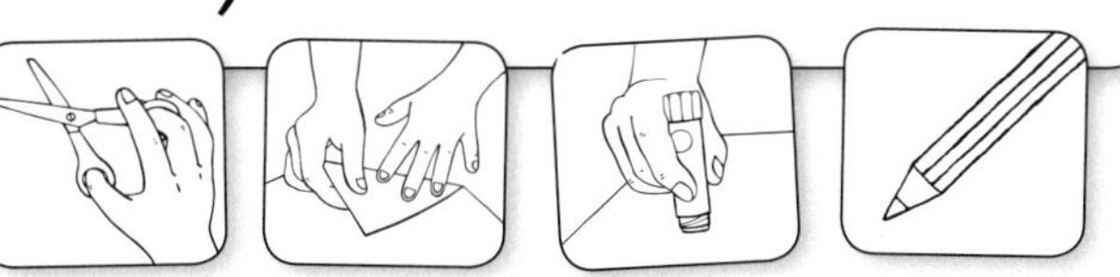

1. **Lies dir die Bastelanleitung auf Seite 22 genau durch.**
2. **Trage die Ergebniszahlen der Reihen ein.**
3. **Markiere alle Kernaufgaben (1er-, 2er-, 5er-, 10er-Reihe) oder schreibe sie farbig.**
4. **Rechne Malaufgaben mit deiner Einmaleinstafel. Schiebe dazu die Schieber auf die grauen Zahlen passend zu deiner Malaufgabe.**

Klebefläche

Klebefläche

Klebefläche

Klebefläche

| | | | | | | | | | | |
|---|---|---|---|---|---|---|---|---|---|---|
| | | | | | | | | | | |
| | | | | | | | | | | |
| | | | | | | | | | | |
| | | | | | | | | | | |
| | | | | | | | | | | |
| | | | | | | | | | | |
| | | | | | | | | | | |
| | | | | | | | | | | |
| | | | | | | | | | | |
| | | | | | | | | | | |

Klebefläche

Klebefläche

Klebefläche

Klebefläche

© Verlag an der Ruhr | Autorin: Doreen Blumhagen | Icons: © Anja Boretzki | ISBN 978-3-8346-3902-8 | www.verlagruhr.de

# **Meine Einmaleinstafel** (Schieber)

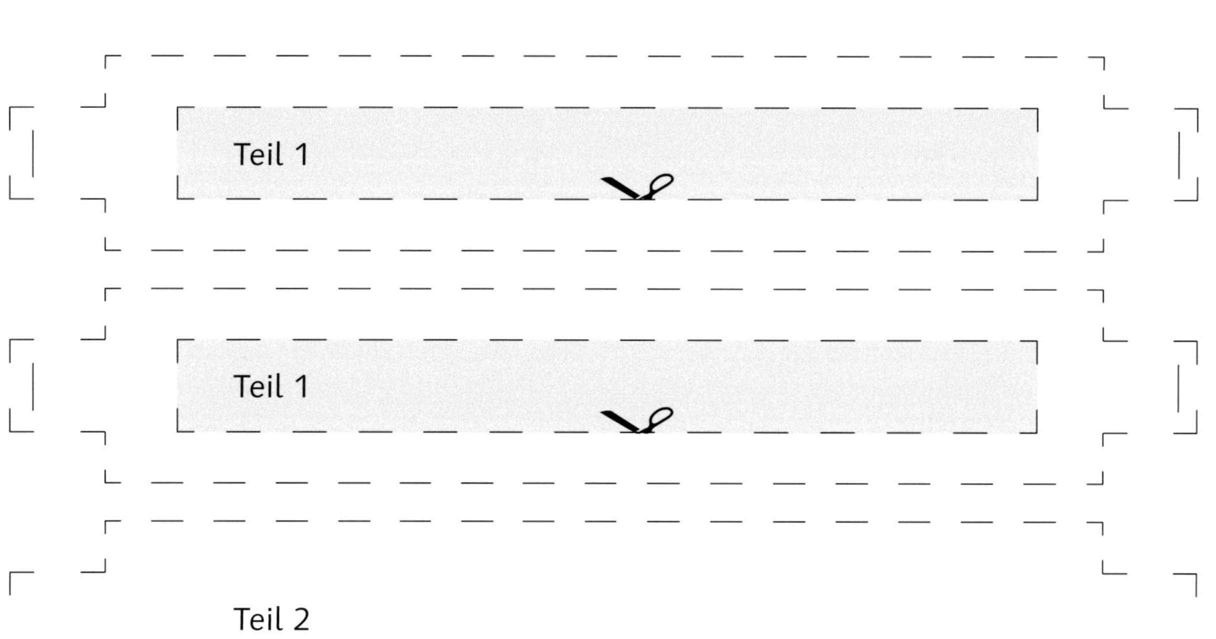


Teil 2

**Bastelanleitung**

**Tafel:** ① Schneide die Einmaleinstafel aus.

② Falte alle Klebeflächen der Tafel nach hinten.

**Schieber:** ③ Schneide jeweils die grauen Flächen von Teil 1 aus.

④ Lege jeweils Teil 1 und Teil 2 aufeinander. Hefte sie mit einem Heftgerät zusammen. Du hast nun zwei Schieber.

⑤ Schiebe nun einen Schieber von links und einen Schieber von oben auf die Tafel.

⑥ Klebe die Tafel nur an den Klebeflächen auf dein Lapbook.

# Mein 1 · 1 (Vorlage 1)

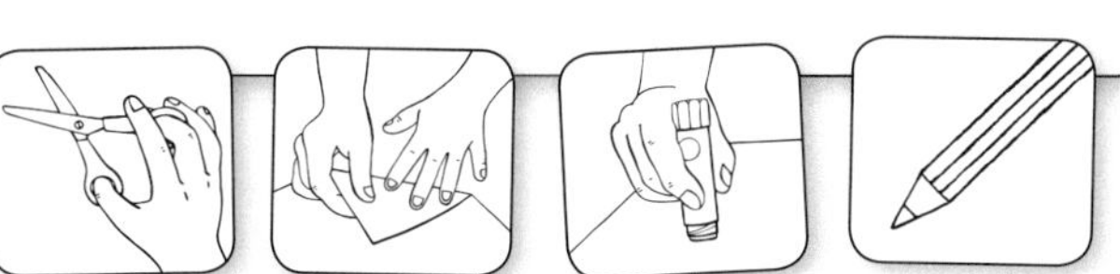

① Schneide das Minibuch aus.

② Falte alle Klappen zur Mitte.

③ Klebe das Minibuch mit der Rückseite auf dein Lapbook.

❹ **Ergänze die Malreihe in der Überschrift.**

❺ **Schreibe die Malaufgaben auf die geschlossenen Klappen.**

❻ **Schreibe die Ergebnisse in die geöffneten Klappen.**

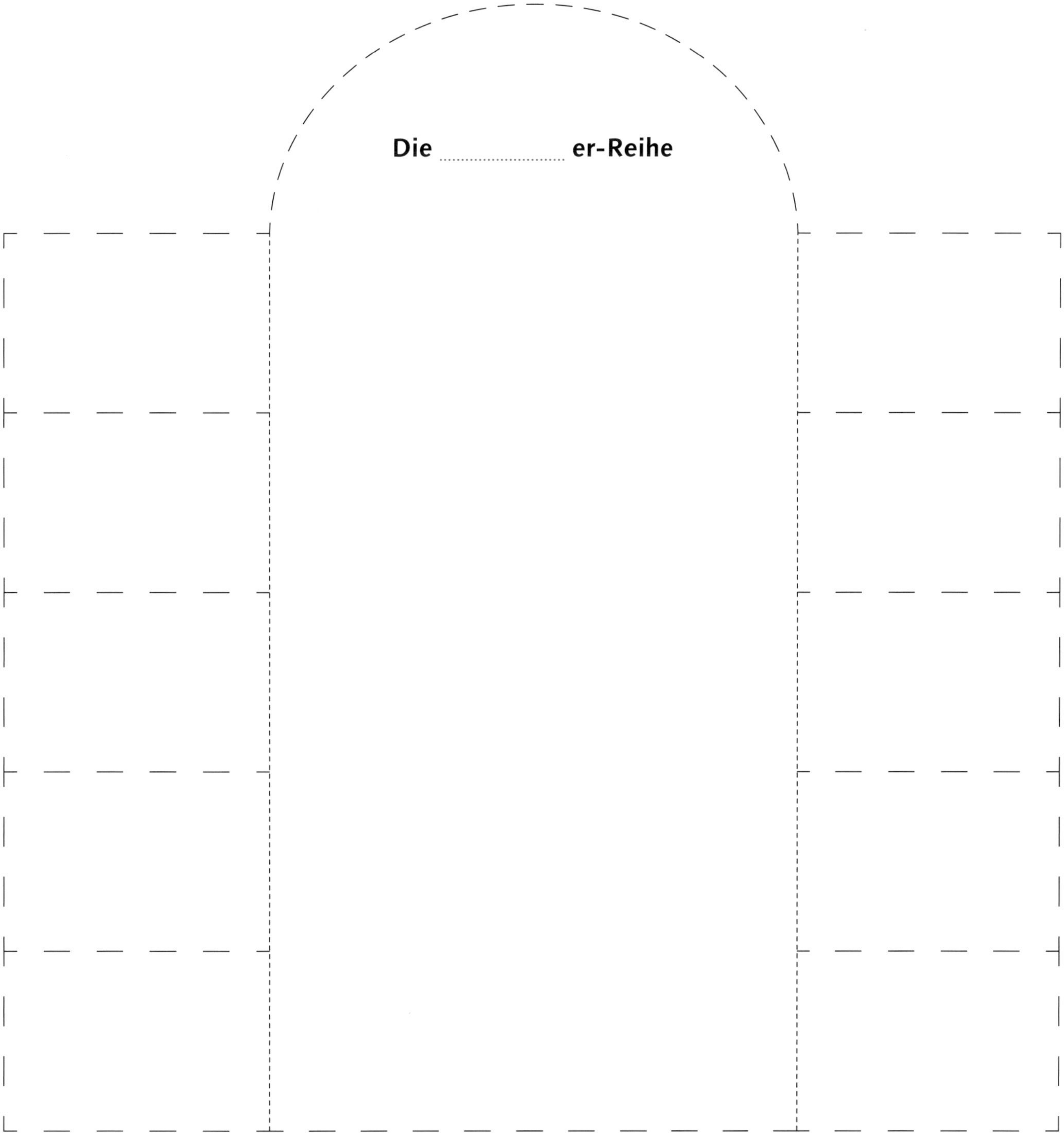

**Die ........................ er-Reihe**

# **Mein 1 • 1** (Vorlage 2)

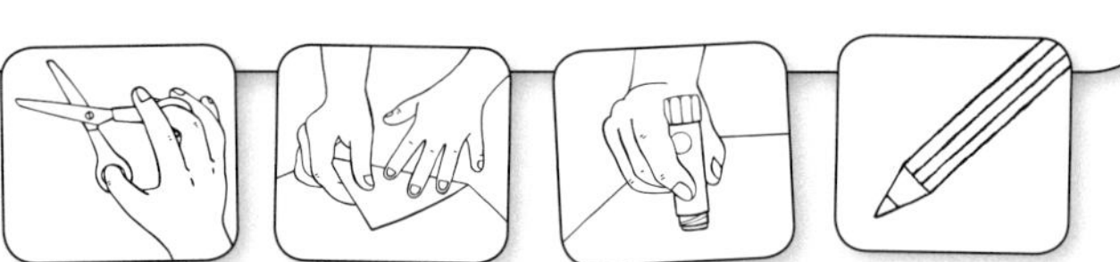

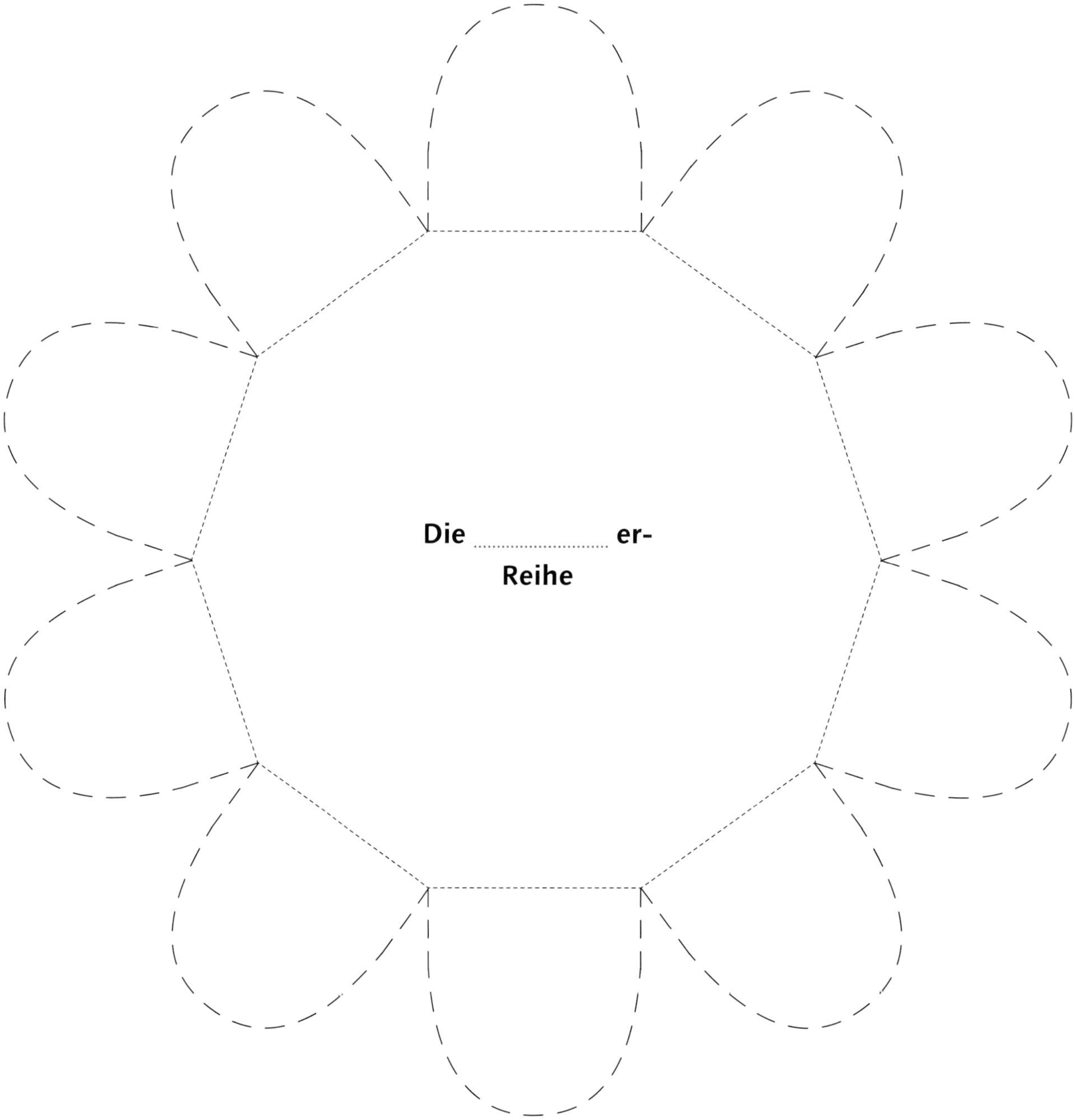

**Die .................. er-**
**Reihe**

① Schneide das Minibuch aus.

② Falte alle Klappen zur Mitte.

③ Klebe das Minibuch mit der Rückseite auf dein Lapbook.

❹ **Ergänze die Malreihe in der Überschrift.**

❺ **Schreibe die Malaufgaben auf die geschlossenen Klappen.**

❻ **Schreibe die Ergebnisse unter die Klappen.**

# Mein 1 · 1 (Vorlage 3)

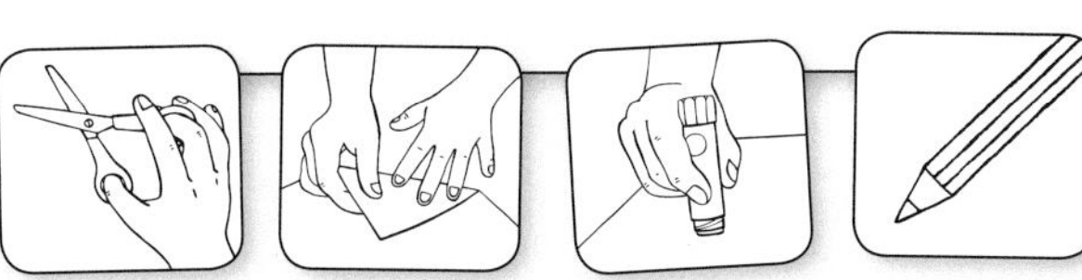

Die ............................ er-Reihe

① Schneide die Karten aus.

② Lege alle Karten aufeinander. Die Karte mit der Überschrift liegt oben!

③ Stich auf jeder Karte den grauen Punkt ein.

④ Stich ein kleines Loch in dein Lapbook.

⑤ Verbinde Minibuch und Lapbook mit einer Musterbeutelklammer.

❻ **Ergänze die Malreihe in der Überschrift.**

❼ **Schreibe die Malaufgaben immer auf die Vorderseite der Karte.**

❽ **Schreibe die Ergebnisse immer auf die Rückseiten.**

# Mein 1 • 1 (Vorlage 4)

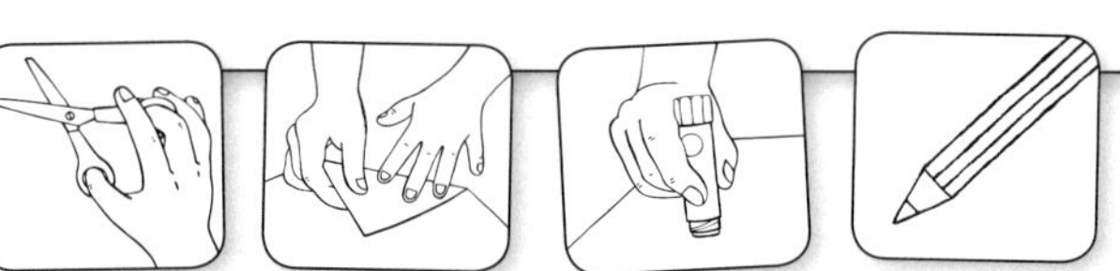

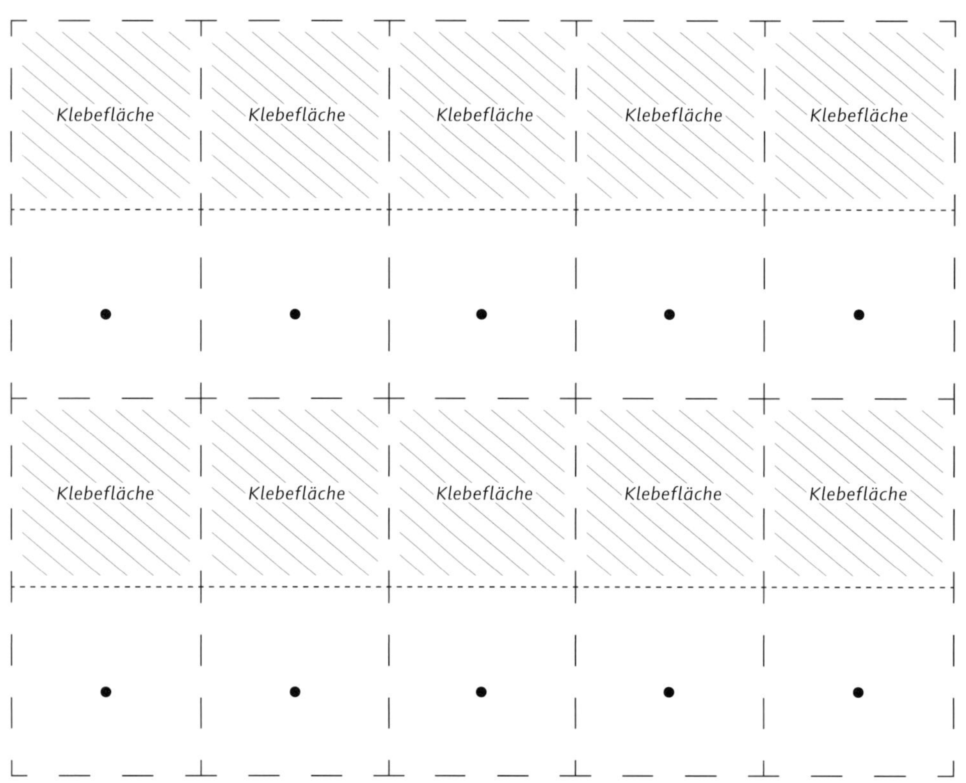


**Die .................... er-Reihe**

1. Schneide die Klappen und das Minibuch aus.
2. Falte alle kleinen Klappen in der Mitte.
3. Klebe die Klappen auf die Klebeflächen des Minibuches.
4. Klebe das Minibuch mit der Rückseite in dein Lapbook.
5. **Ergänze die Malreihe in der Überschrift.**
6. **Schreibe die Malaufgaben immer auf die Vorderseite der Klappen.**
7. **Schreibe die Ergebnisse immer auf die Rückseiten.**

# Mein 1 · 1 (Vorlage 5)

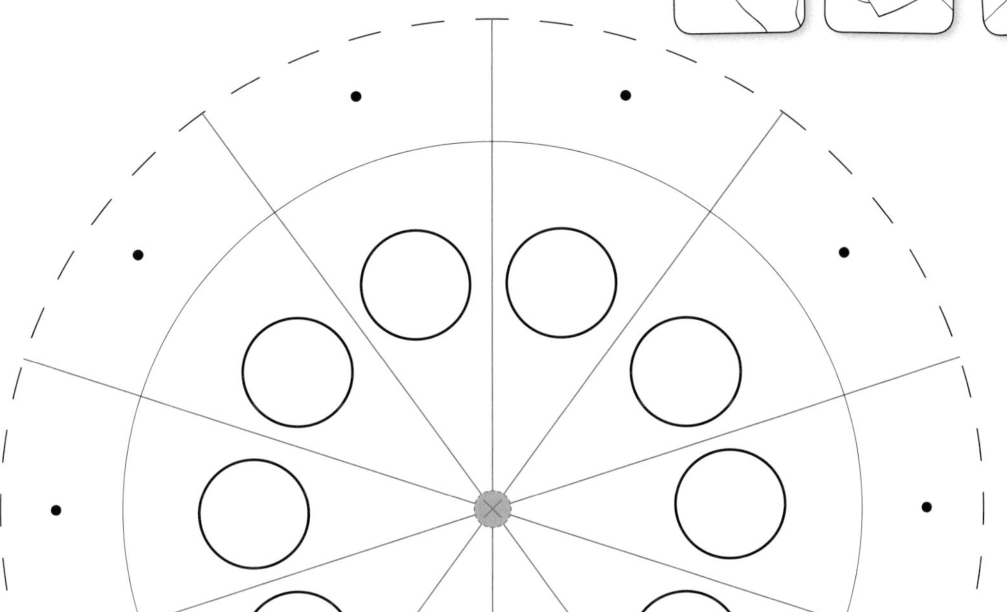

① Schneide das Minibuch aus.

② Stich die grauen Punkte durch.

③ Verbinde beide Kreise mit einer Musterbeutelklammer.

④ Klebe das Minibuch mit der Rückseite auf dein Lapbook.

❺ **Ergänze die Malreihe in der Überschrift.**

❻ **Schreibe die Malaufgaben immer auf den Außenkreis.**

❼ **Schreibe die Ergebnisse immer in die kleinen Kreise.**

**Die ........................ er-**
**Reihe**

# Mein 1 · 1 (Vorlage 6)

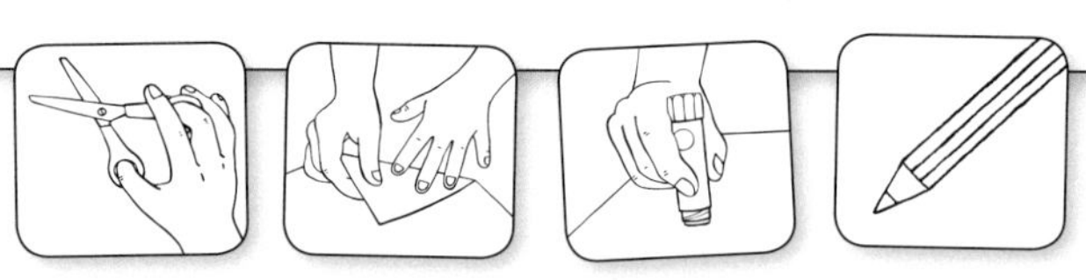

① Schneide das Minibuch aus.

② Falte alle kleinen Klappen auf den Streifen mit der Überschrift.

③ Klebe das Minibuch mit der Rückseite in dein Lapbook.

**❹ Ergänze die Malreihe in der Überschrift.**

**❺ Schreibe die Malaufgaben immer auf die Rückseite der Klappen.**

**❻ Schreibe die Ergebnisse immer auf die Vorderseite.**

**Die ............ er-Reihe**

# Mein 1 · 1 (Vorlage 7)

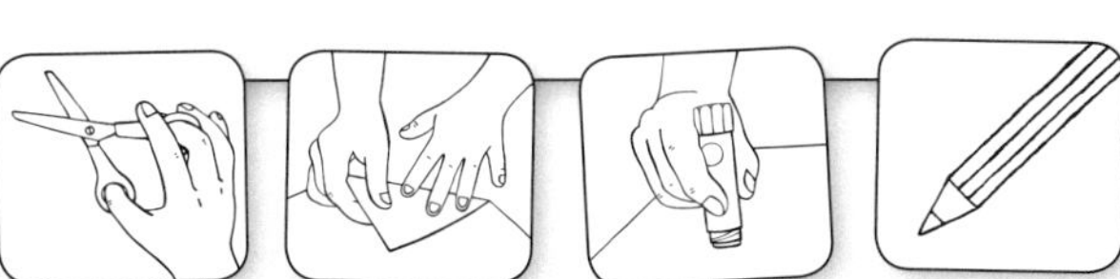

Die ........................ er-
Reihe

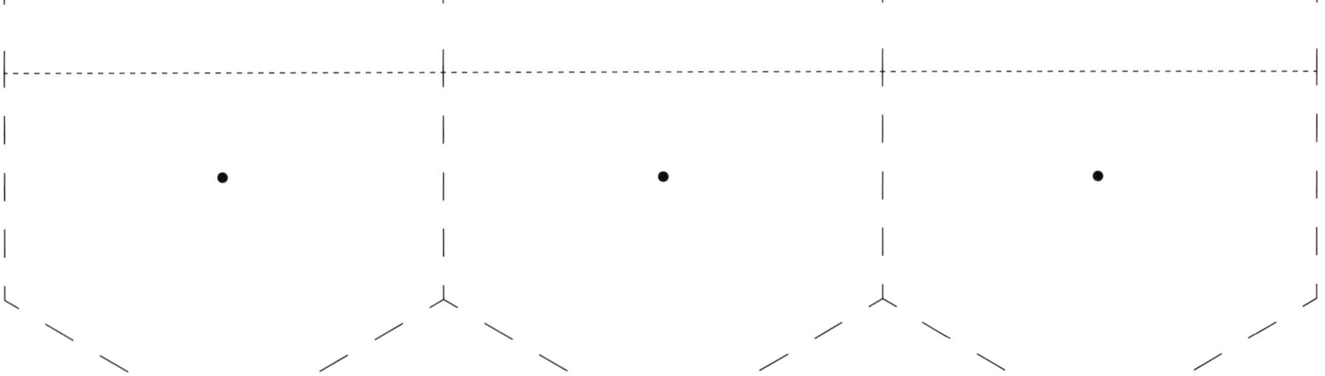

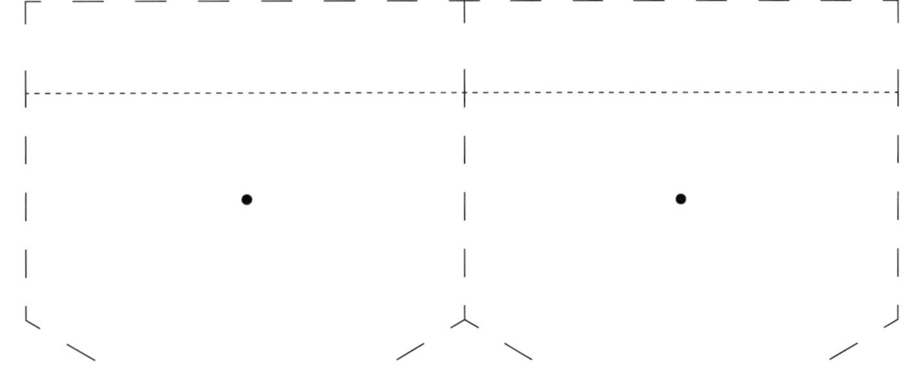

① Schneide das Minibuch aus.

② Lege alle Seiten aufeinander und hefte die Seiten am schwarzen Strich zusammen.

③ Klebe das Minibuch nur mit der oberen Kante auf dein Lapbook.

❹ **Ergänze die Malreihe in der Überschrift.**

❺ **Schreibe die Malaufgaben immer auf die Vorderseite der Klappen.**

❻ **Schreibe die Ergebnisse immer auf die Rückseiten.**

© Verlag an der Ruhr | Autorin: Doreen Blumhagen | Icons: © Anja Boretzki | ISBN 978-3-8346-3902-8 | www.verlagruhr.de

# Mein 1 · 1 (Vorlage 8)

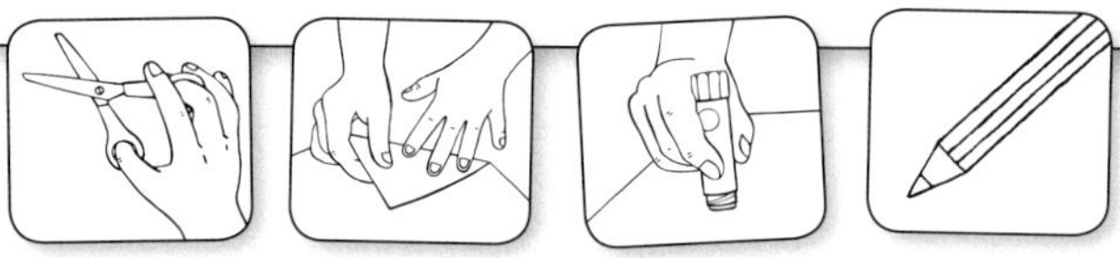

① Schneide das Minibuch aus.

② Falte alle kleinen Klappen in die Mitte.

③ Klebe beide Sterne in der Mitte aufeinander. Achte darauf, dass die Zacken versetzt sind (wie im Bild rechts).

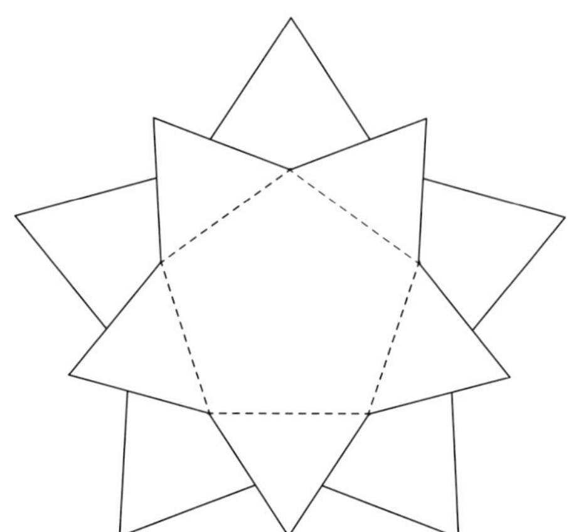

**❹ Ergänze die Malreihe in der Überschrift.**

**❺ Schreibe die Malaufgabe immer auf die Vorderseite der Klappen.**

**❻ Schreibe die Ergebnisse immer auf die Rückseiten.**

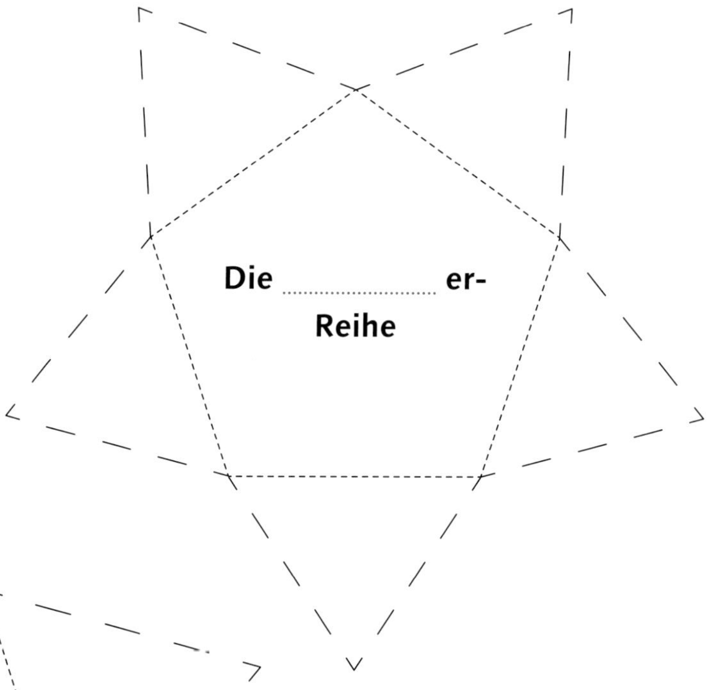

**Die .................... er-**
**Reihe**

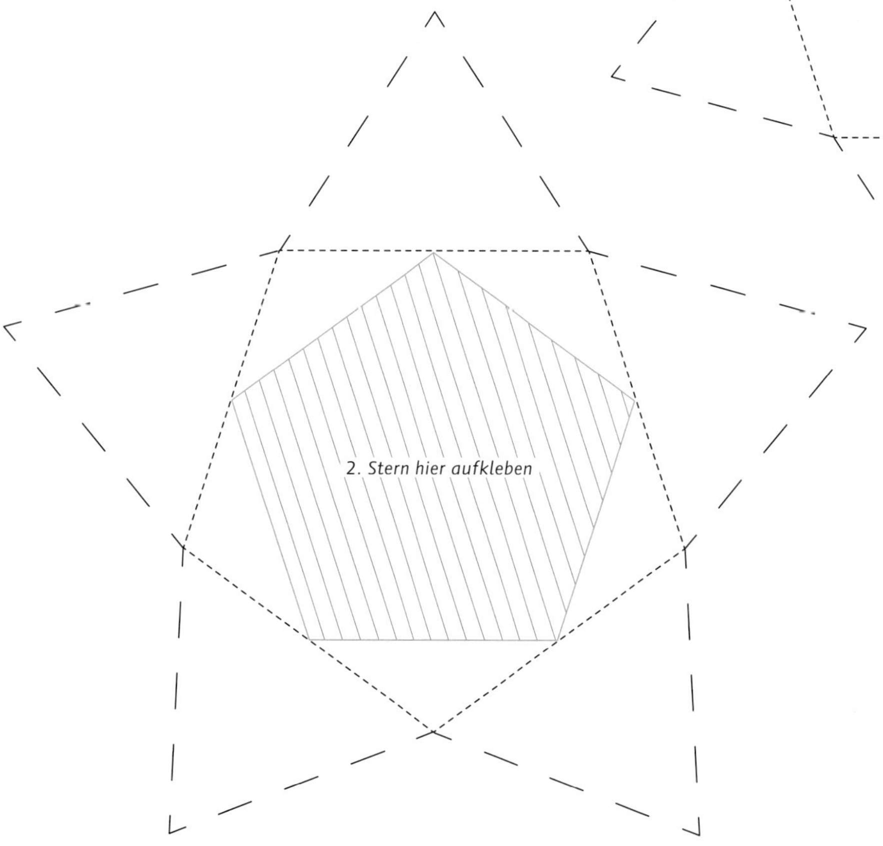

2. Stern hier aufkleben

# **Mein 1 · 1** (Vorlage 9)

① Schneide das Minibuch aus.

② Falte die Klebeflächen der Tasche nach hinten.

③ Klebe die Tasche auf das Lapbook. Stecke den Schieber in die Tasche.

❹ **Ergänze die Malreihe in der Überschrift.**

❺ **Schreibe die Malaufgabe immer in die linke Spalte.**

❻ **Schreibe das Ergebnis immer in das graue Feld.**

?

| **Die ............ er-Reihe** | |
|---|---|
| • | |
| • | |
| • | |
| • | |
| • | |
| • | |
| • | |
| • | |
| • | |
| • | |

Schieber

Klebefläche

Klebefläche

Klebefläche

Tasche

 ISBN 978-3-8346-3902-8 | www.verlagruhr.de

# Mein 1 · 1 (Vorlage 10)

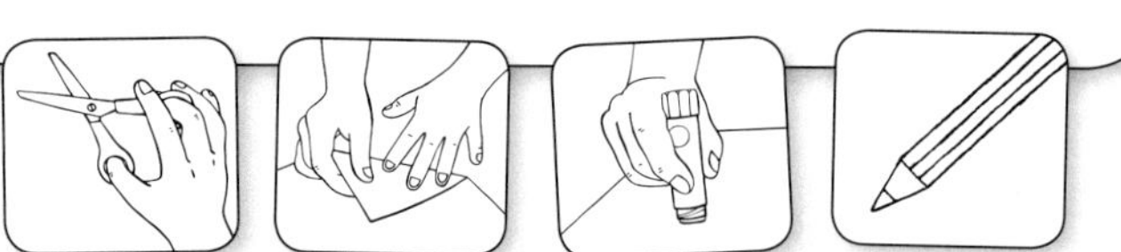

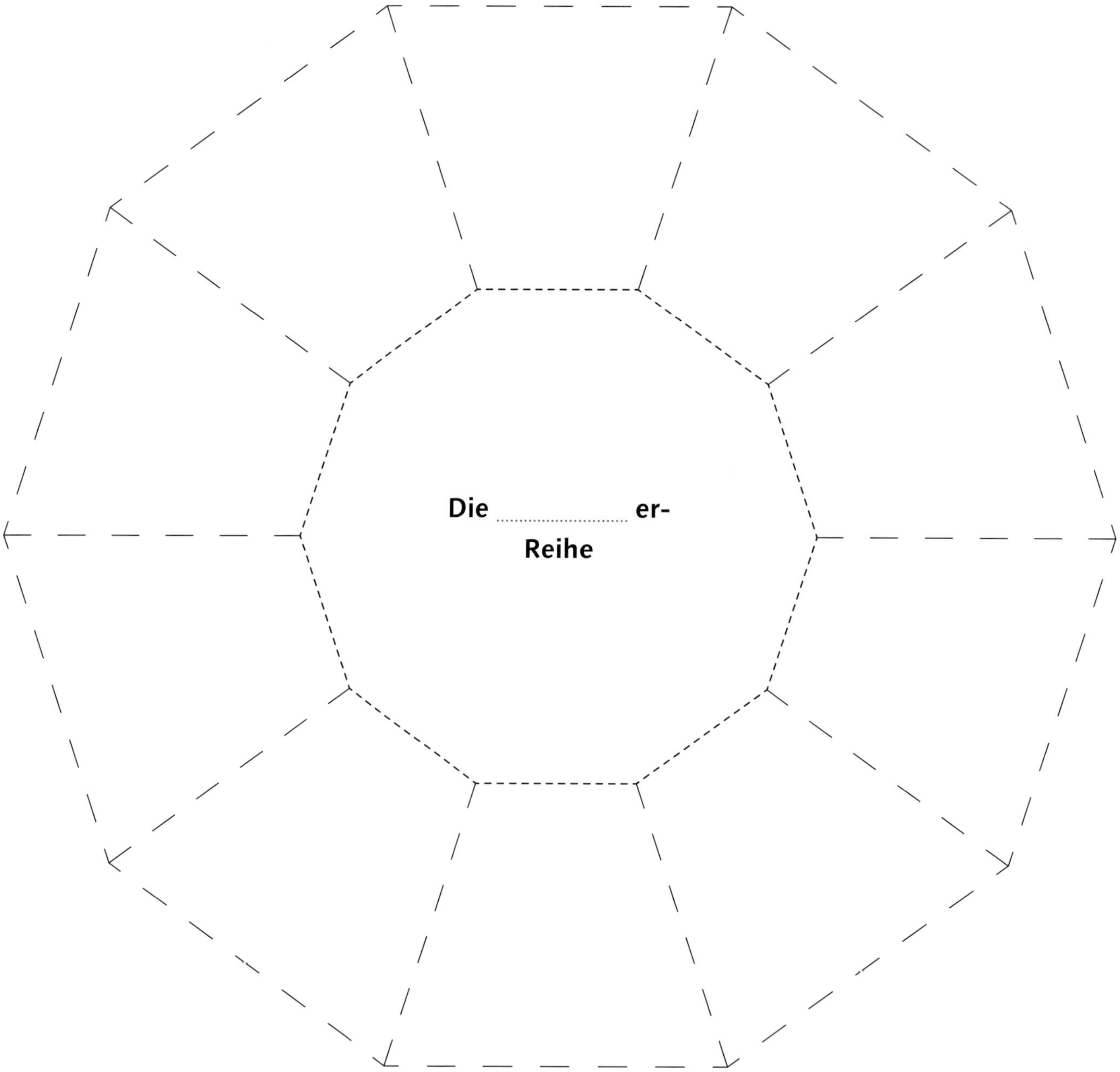

Die ........................ er-
Reihe

① Schneide das Minibuch aus.

② Falte alle Klappen in die Mitte.

③ Klebe das Minibuch nur mit der Mitte auf dein Lapbook.

**❹ Ergänze die Malreihe in der Überschrift.**

**❺ Schreibe die Malaufgabe immer auf die Vorderseiten der Klappen.**

**❻ Schreibe das Ergebnis auf die Rückseiten.**

# Meine 1 · 1-Uhr (1/2)

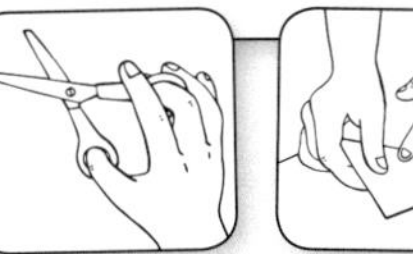

**Übe die Malfolgen mit deiner 1 · 1-Uhr:**

- ▲ Sage dir die Ergebnisse der Reihe nach auf.
- ▲ Wickle den Faden immer um die Einerstelle des Ergebnisses.
- ▲ Das Muster sagt dir, ob die Lösungen richtig sind.

**Meine 1 · 1-Uhr**

8 9 0 1 2 3 4 5 6 7

① Schneide das Minibuch aus.

② Falte das Minibuch in der Mitte.

③ Klebe die Rückseite der Uhr auf dein Lapbook.

④ Stich jeden Punkt der Uhr durch deine Lapbook-Pappe.

⑤ Stich durch jeden Punkt eine Musterbeutelklammer.

⑥ Knote einen Faden an die Zahl 0.

# Meine 1 · 1-Uhr (2/2) (Lösungsleporello)

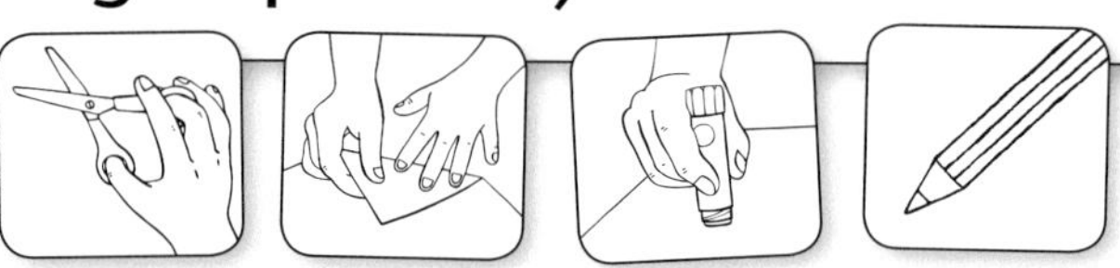

① Schneide die Leporello-Streifen aus.

② Klebe die Streifen zusammen.

③ Falte immer abwechselnd nach vorn und zurück.

❹ **Zeichne für jede Malreihe das Muster in die passenden 1 · 1-Uhren ein. Kontrolliere mit deiner großen Uhr.**

⑤ Schneide die Lösungstasche aus.

⑥ Falte die Klebeflächen der Tasche nach hinten. Klebe sie neben deine Uhr.

⑦ Stecke das Leporello in die Tasche neben deiner 1 · 1-Uhr.

**Tipp:** Nutze das Minibuch zum Vergleichen, wenn du mit deiner 1 · 1-Uhr übst!

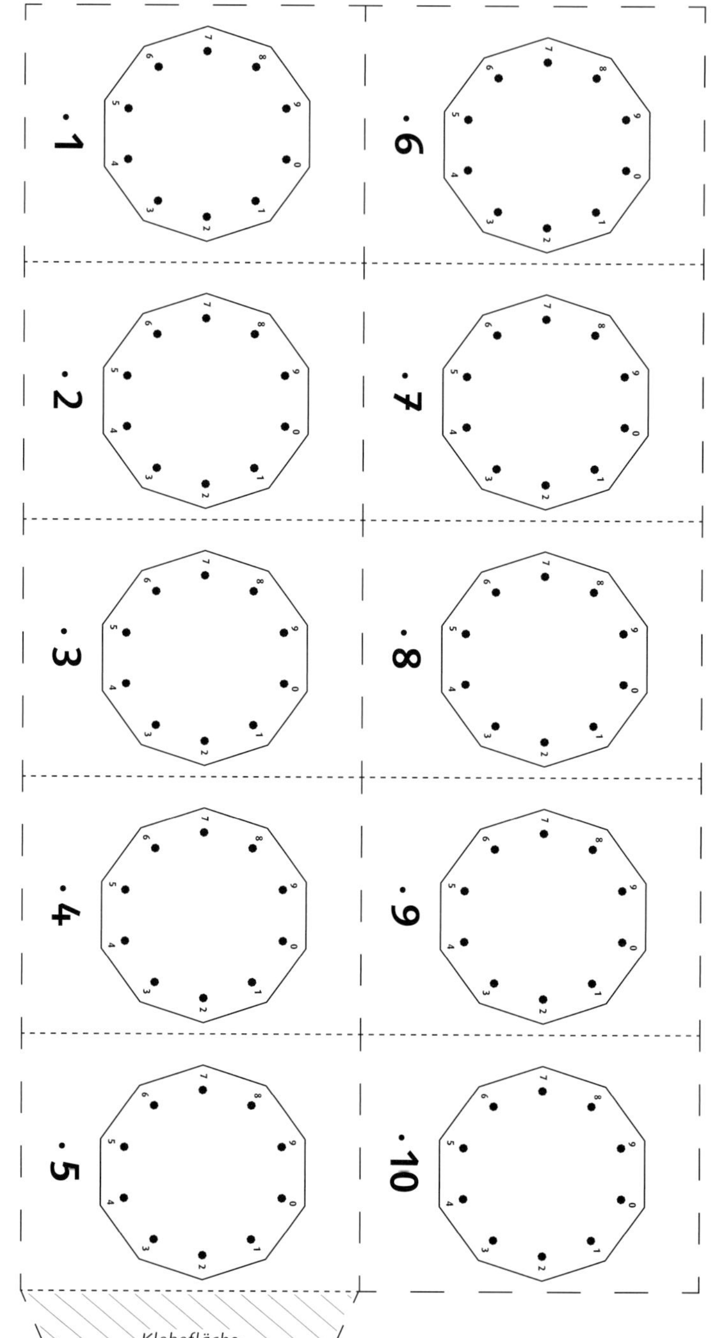

# **Domino** (2er-, 4er- und 8er-Reihe) (1/2)

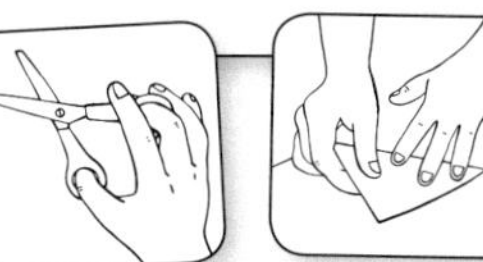

| | | | | | |
|---|---|---|---|---|---|
| 12 | 1 · 2 | 2 | 2 · 4 | 8 | 2 · 8 |
| 16 | 8 · 8 | 64 | 8 · 4 | 32 | 9 · 2 |
| 18 | 5 · 2 | 10 | 9 · 8 | 72 | 4 · 4 |
| 16 | 3 · 8 | 24 | 2 · 2 | 4 | 10 · 8 |
| 80 | 5 · 8 | 40 | 10 · 2 | 20 | 1 · 4 |
| 4 | 4 · 5 | 8 | 5 · 4 | 20 | 4 · 8 |
| 32 | 8 · 2 | 16 | 6 · 8 | 48 | 10 · 4 |
| 40 | 7 · 4 | 28 | 6 · 2 | 12 | 7 · 8 |

# **Domino** (2er-, 4er- und 8er-Reihe) (2/2)

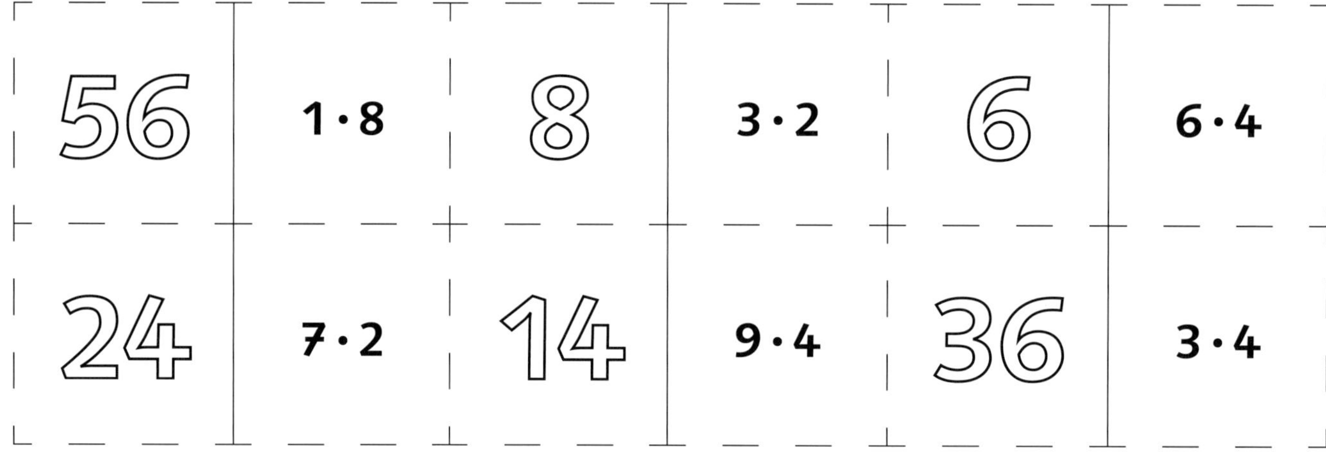


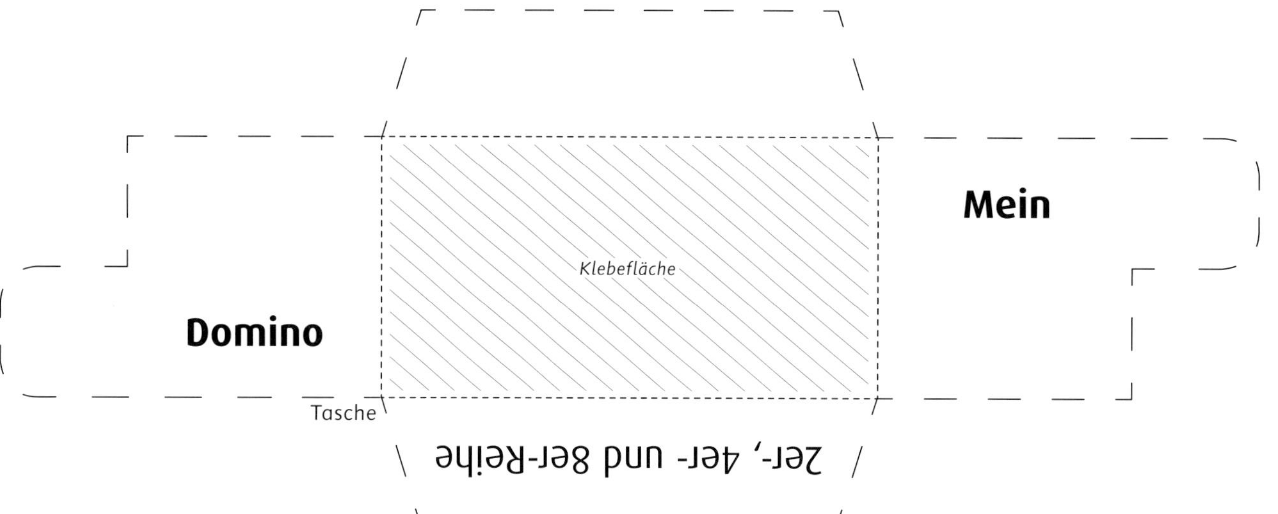


① Schneide die Spielkarten und die Tasche aus.

② Falte die Klappen der Tasche zur Mitte. Verschließe die Tasche, indem du die rechte und linke Klappe ineinanderschiebst.

③ Klebe die Tasche mit der Klebefläche auf dein Lapbook.

④ Bewahre die Spielkarten in der Tasche auf.

❺ **Jetzt kannst du das Spiel nach den bekannten Domino-Regeln spielen. Es müssen immer die Malaufgabe und das Ergebnis zusammenpassen. Du kannst auch mit einem Partner spielen.**

**Tipp:** Nutze das Hunderterfeld oder die Einmaleinstafel, wenn du die Reihen noch nicht auswendig kannst.

© Verlag an der Ruhr | Autorin: Doreen Blumhagen | Icons: © Anja Boretzki | ISBN 978-3-8346-3902-8 | www.verlagruhr.de

# Was passt zusammen? (3er-, 6er-, 9er-Reihe) (1/2)

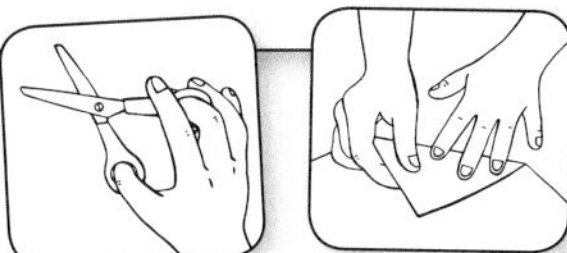

| | | | | | |
|---|---|---|---|---|---|
| 1 · 3 | 3 | 2 · 3 | 6 | 10 · 6 | 8 · 6 |
| 3 · 3 | 9 | 4 · 3 | 12 | 60 | 1 · 9 |
| 5 · 3 | 15 | 6 · 3 | 18 | 1 · 6 | 4 · 9 |
| 7 · 3 | 21 | 8 · 3 | 24 | 6 | 6 · 9 |
| 9 · 3 | 27 | 10 · 3 | 30 | 2 · 6 | 8 · 9 |
| 3 · 6 | 18 | 4 · 6 | 24 | 12 | 48 |
| 5 · 6 | 30 | 6 · 6 | 36 | 7 · 6 | 9 · 6 |
| 10 · 9 | 9 · 9 | 54 | 42 | 9 | 63 |

# **Was passt zusammen?** (3er-, 6er-, 9er-Reihe) (2/2)

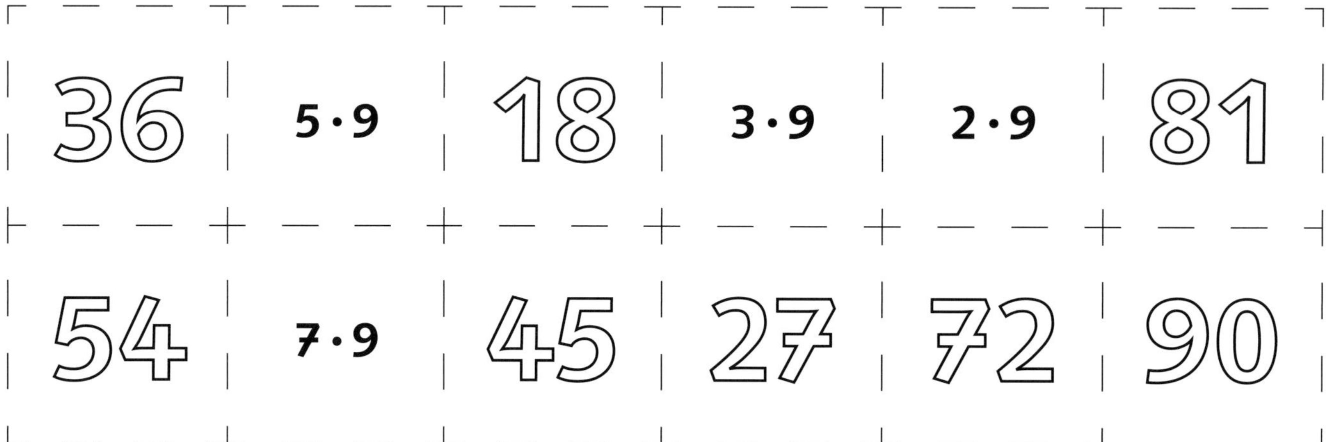


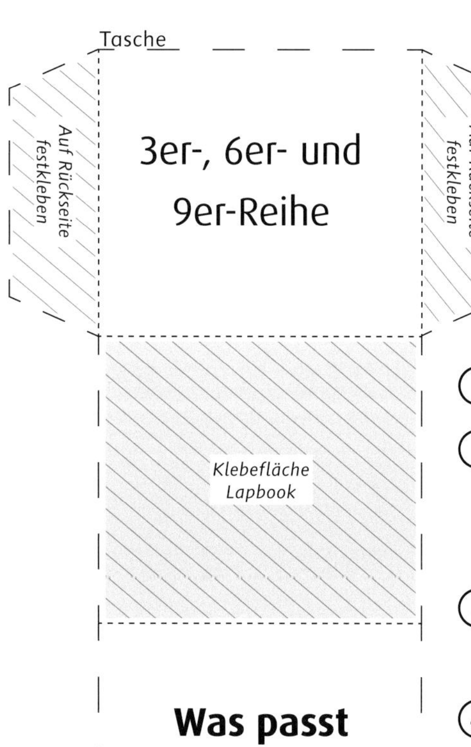


① Schneide die Spielkarten und die Tasche aus.

② Falte die Klebeflächen der Tasche und die graue Lasche nach hinten. Klebe die Klebeflächen auf der Rückseite der grauen Lasche fest.

③ Klebe die Tasche mit der Klebefläche auf dein Lapbook.

④ Bewahre die Spielkarten in der Tasche auf.

❺ **Spielt das Spiel nach den bekannten Memory-Regeln.**

# **Mein Puzzle** (5er- und 10er-Reihe)

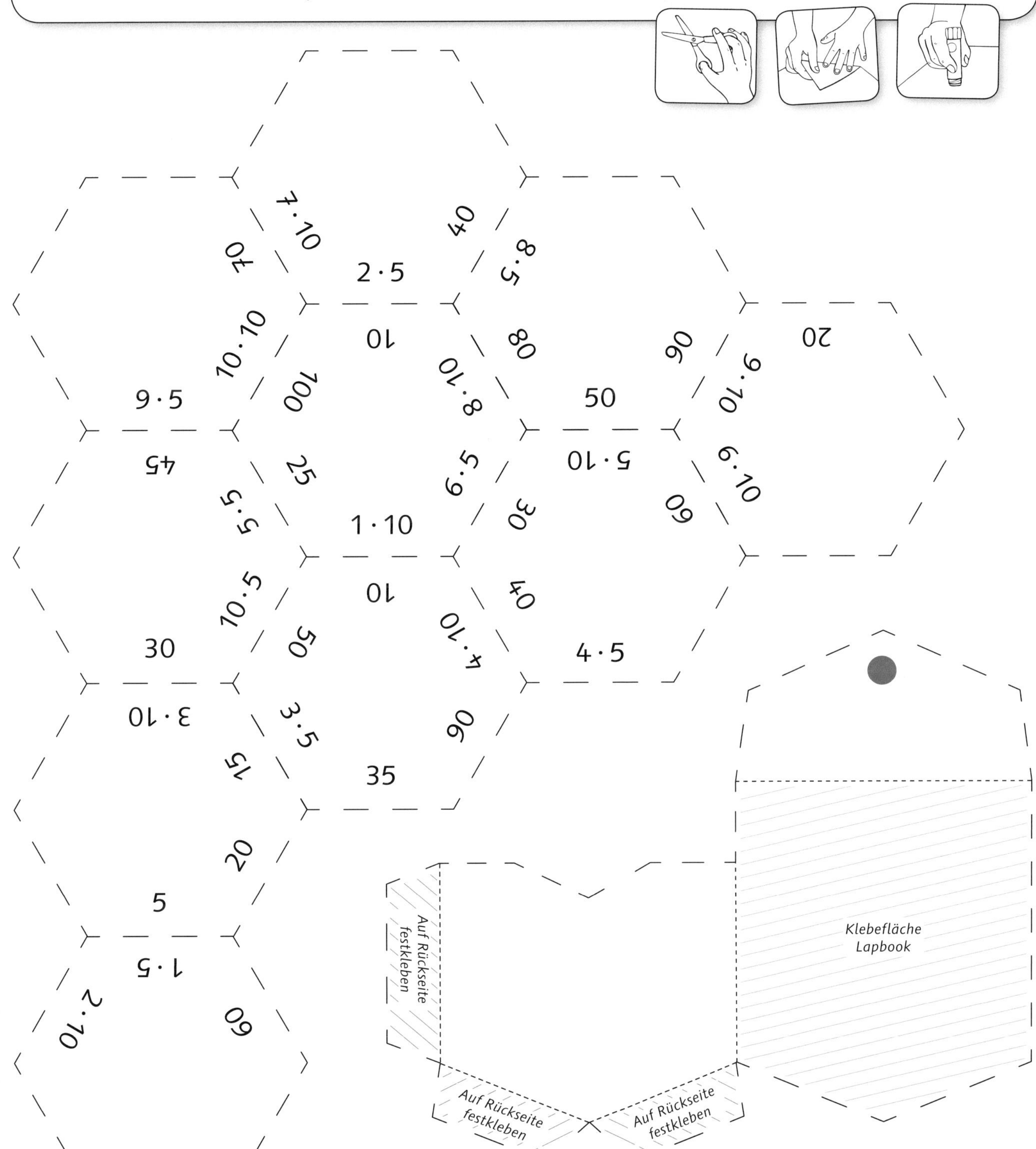


1. Schneide die Spielkarten und die Tasche aus.
2. Falte die Tasche in der Mitte und klebe die Klebeflächen auf der Rückseite fest.
3. Falte die Klappe zur Mitte, um die Tasche zu verschließen.
4. Bewahre dein Puzzle in der Tasche auf.
5. **Lege das Puzzle. Malaufgabe und Ergebnis müssen immer zusammenliegen.**

 ISBN 978-3-8346-3902-8 | www.verlagruhr.de

# **Drei gewinnt!** (7er-Reihe)

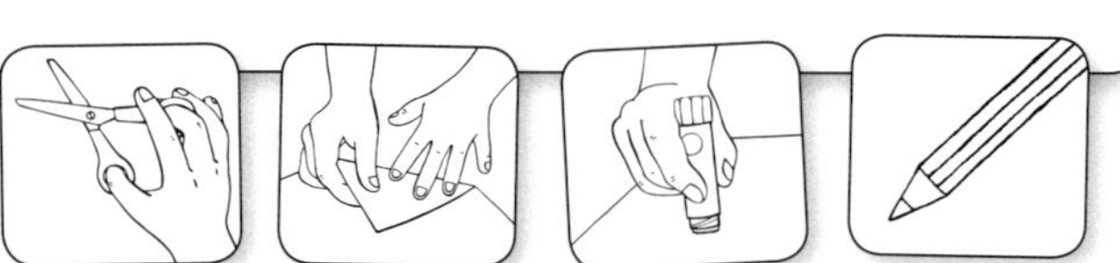

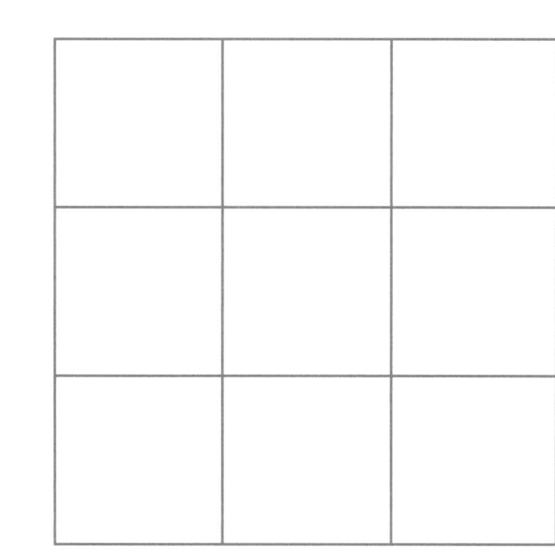

Drehe die Büroklammer. Rechne die Malaufgabe aus und markiere das Ergebnis auf deinem Bingo-Feld. Hast du drei Felder nebeneinander (→, ↓, ↘, ↗), hast du gewonnen.

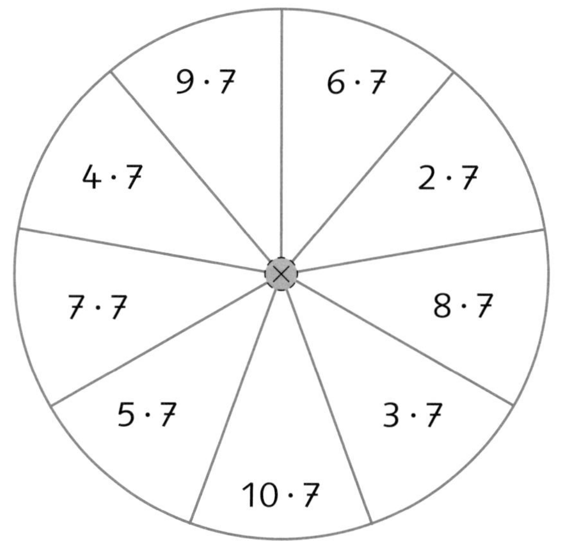


**Drei gewinnt!**
7er-Reihe

① Schneide das Minibuch aus.

② Falte das Minibuch in der Mitte.

③ Stich den grauen Kreis durch. Fädle eine Büroklammer auf eine Musterbeutelklammer und stecke sie in das Loch.

④ Klebe das Minibuch mit der Rückseite auf dein Lapbook.

❺ **Schreibe 9 Ergebnisse der 7er-Reihe durcheinander in das Bingofeld (ohne 1 · 7).**

❻ **Spiele mit einem Partner das Spiel nach den bekannten Bingo-Regeln.**

**Tipp:** Markiere deine Ergebnisse mit Bleistift oder lege Zahlenplättchen auf die Felder. So kannst du das Feld mehrmals benutzen.

# Immer 2

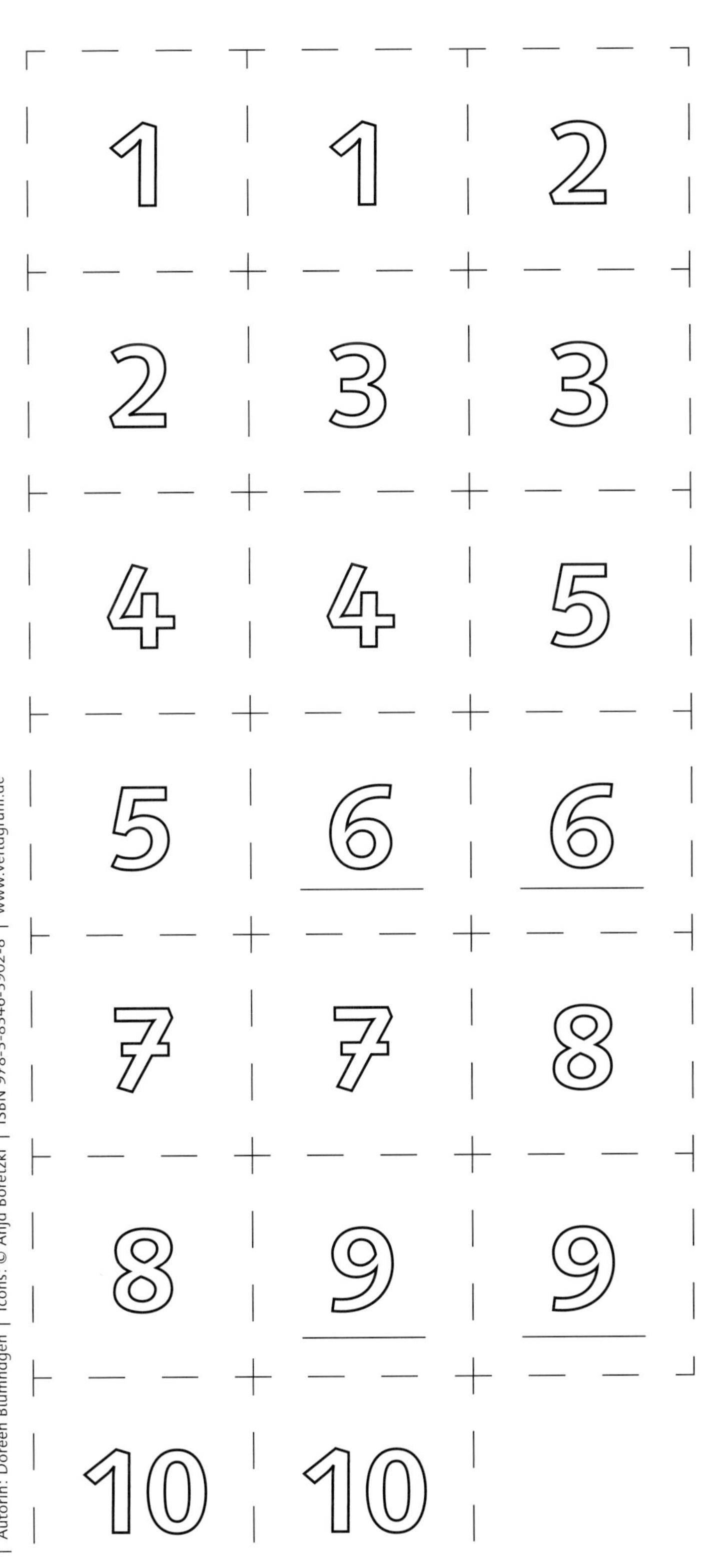


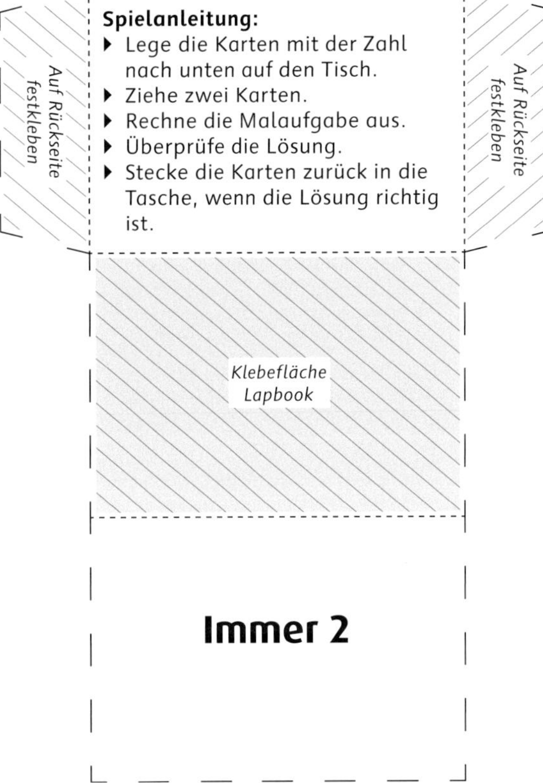


1. Schneide die Spielkarten und die Tasche aus.
2. Falte die Klebeflächen der Tasche nach hinten und klebe sie auf der Rückseite der grauen Lasche fest.
3. Falte die Klappe über die Tasche.
4. Klebe die Tasche auf dein Lapbook. Stecke die Karten in die Tasche.
5. **Spiele das Spiel.**

# Rechenstrategien zum 1 · 1

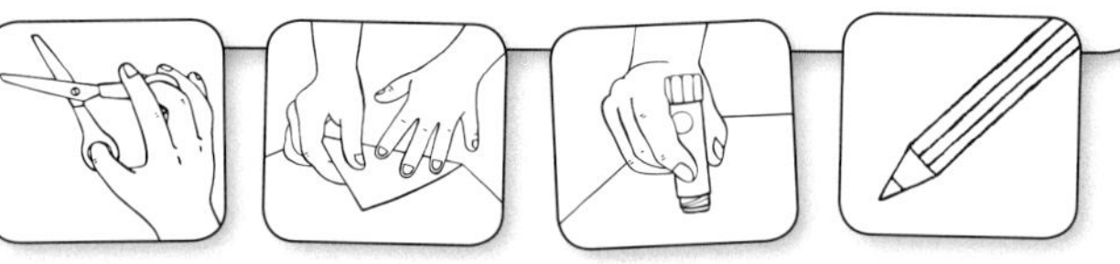

| | | **Tipps und Tricks zum 1 · 1** |
|---|---|---|
| | Zu diesen Aufgaben gehören die Aufgaben der 1er-, 2er-, 5er- und 10er-Reihe. | Beispiel: |
| | Ich addiere 2 Kernaufgaben, um das Ergebnis einer Malaufgabe zu bekommen. | Beispiel: |
| | Ich rechne erst die Aufgabe, die in meiner Malfolge davor steht oder daruntersteht. Dann rechne ich noch einmal + oder –. | Beispiel: |
| | Ich kann beide Faktoren vertauschen. Das Ergebnis bleibt gleich. | Beispiel: |
| | Verdoppelt sich einer der Faktoren, verdoppelt sich auch das Ergebnis. Halbiert sich einer der Faktoren, halbiert sich auch das Ergebnis. | Beispiel: |

① Schneide das Minibuch aus.

② Falte jede Klappe wie ein Leporello einmal nach vorn und einmal zurück, sodass die grauen Klappen oben sind.

**❸ Ordne den Sätzen folgende Wörter zu:**
- **Kernaufgaben zusammenbauen,**
- **Tauschaufgaben,**
- **Nachbaraufgaben,**
- **Kernaufgaben,**
- **Verdoppeln und Halbieren.**

**Schreibe sie immer auf die grauen Klappen.**

**❹ Schreibe zu jedem Tipp passende Beispielaufgaben in die leeren Felder.**

**❺ Klebe das Minibuch mit der Rückseite auf dein Lapbook, sodass die grauen Klappen oben sind.**

# Telleraufgaben (1/2)

# Telleraufgaben (2/2)

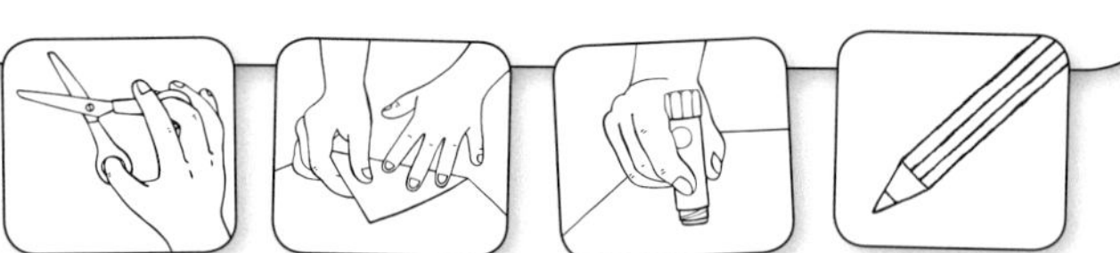

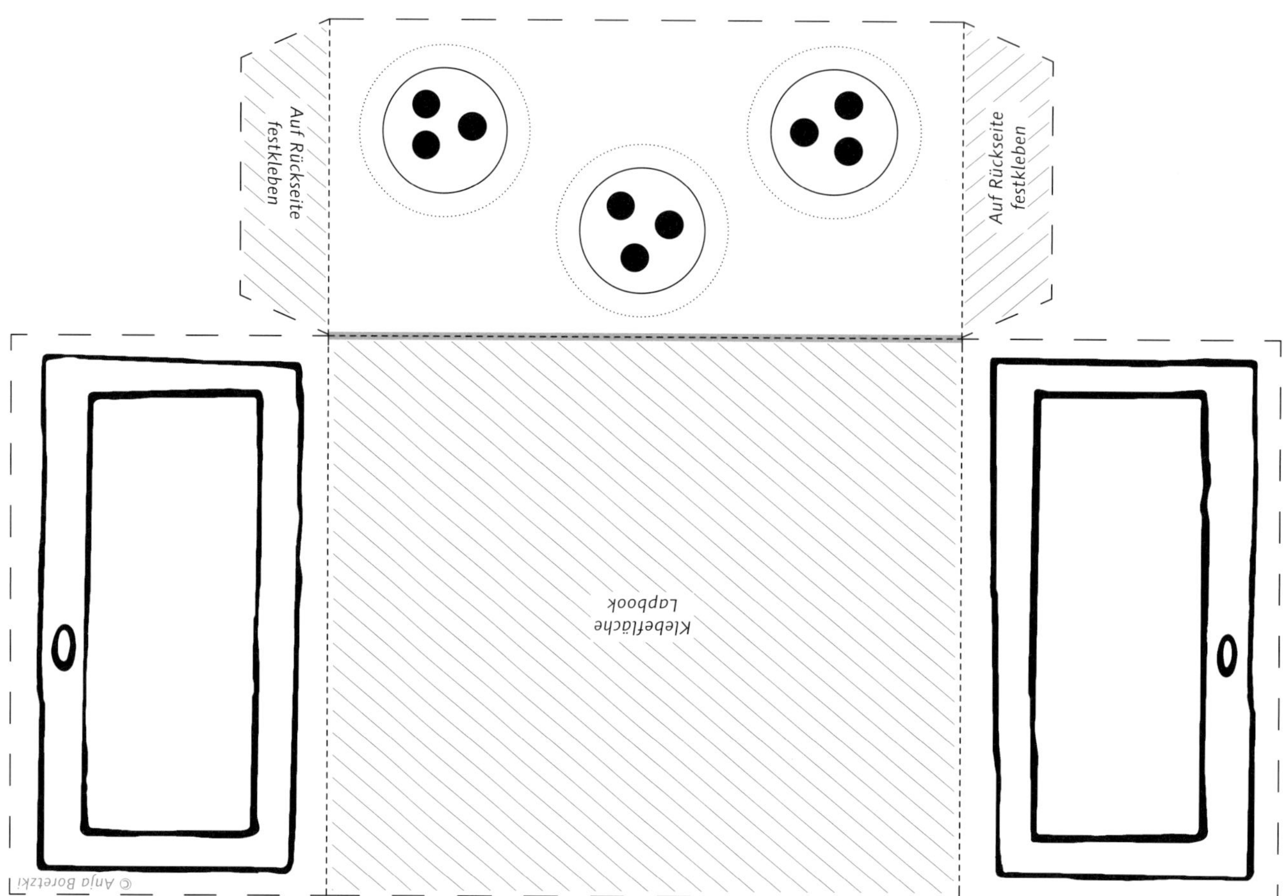


① Schneide die Teller und das Minibuch aus.

② Falte erst die Klappe an der grauen Faltlinie zur Mitte und klebe sie fest.

③ Falte nun die Schranktüren zur Mitte.

④ Bewahre deine Teller im Minibuch auf.

❺ **Teile gerecht und löse mit den Tellern Geteiltaufgaben. Nutze dazu Legeplättchen.**

# Wir dividieren

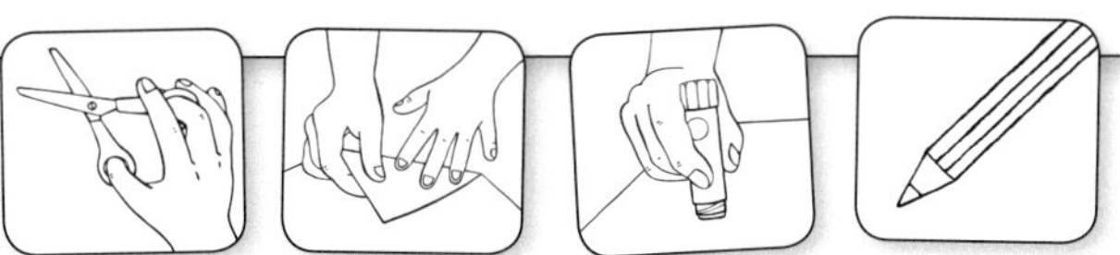

① Schneide das Minibuch aus.

② Klebe die Seiten an den Klebeflächen aufeinander.

③ Klebe das Minibuch mit der Rückseite auf dein Lapbook.

❹ **Seite 1: Schreibe eine Geteiltaufgabe.**
**Jede Klappe steht für eine Zahl oder ein Rechenzeichen.**
(Achtung: Auch 2-stellige Zahlen nur auf eine Klappe schreiben → 10)
**Seite 2: Wie sprichst du die Aufgabe? Klebe die passenden Wörter auf. Schreibe auch deine Zahlen als Wort.**
**Seite 3: Wie heißen die einzelnen Fachbegriffe einer Geteiltaufgabe? Klebe die passenden Wörter in die Kästchen.**

| |
|---|
| geteilt durch |
| ist gleich |
| geteilt durch |
| ist gleich |
| Divisor |
| Quotient |
| Dividend |

## Geteiltaufgaben: Wir dividieren

| | | | | |
|---|---|---|---|---|
| | | | | |

*Klebefläche Seite 2*

| | | | | |
|---|---|---|---|---|
| | | | | |

*Klebefläche Seite 3*

| | | | | |
|---|---|---|---|---|
| | | | | |

# Mein 1 : 1 (Vorlage 1)

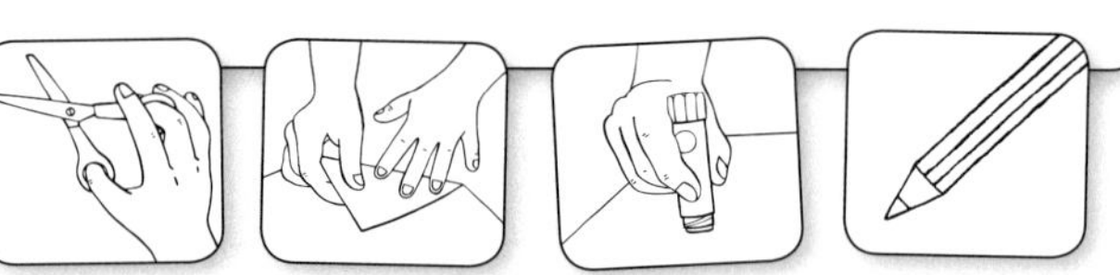

: ..........................

① Schneide das Minibuch aus.

② Falte alle Klappen zur Mitte.

③ Klebe das Minibuch mit der Rückseite auf dein Lapbook.

❹ **Ergänze den Teiler in der Überschrift.**

❺ **Schreibe die Geteiltaufgaben auf die geschlossenen Klappen.**

❻ **Schreibe immer das Ergebnis und die Umkehraufgabe (Malaufgabe) in die geöffneten Klappen.**

# Mein 1 : 1 (Vorlage 2)

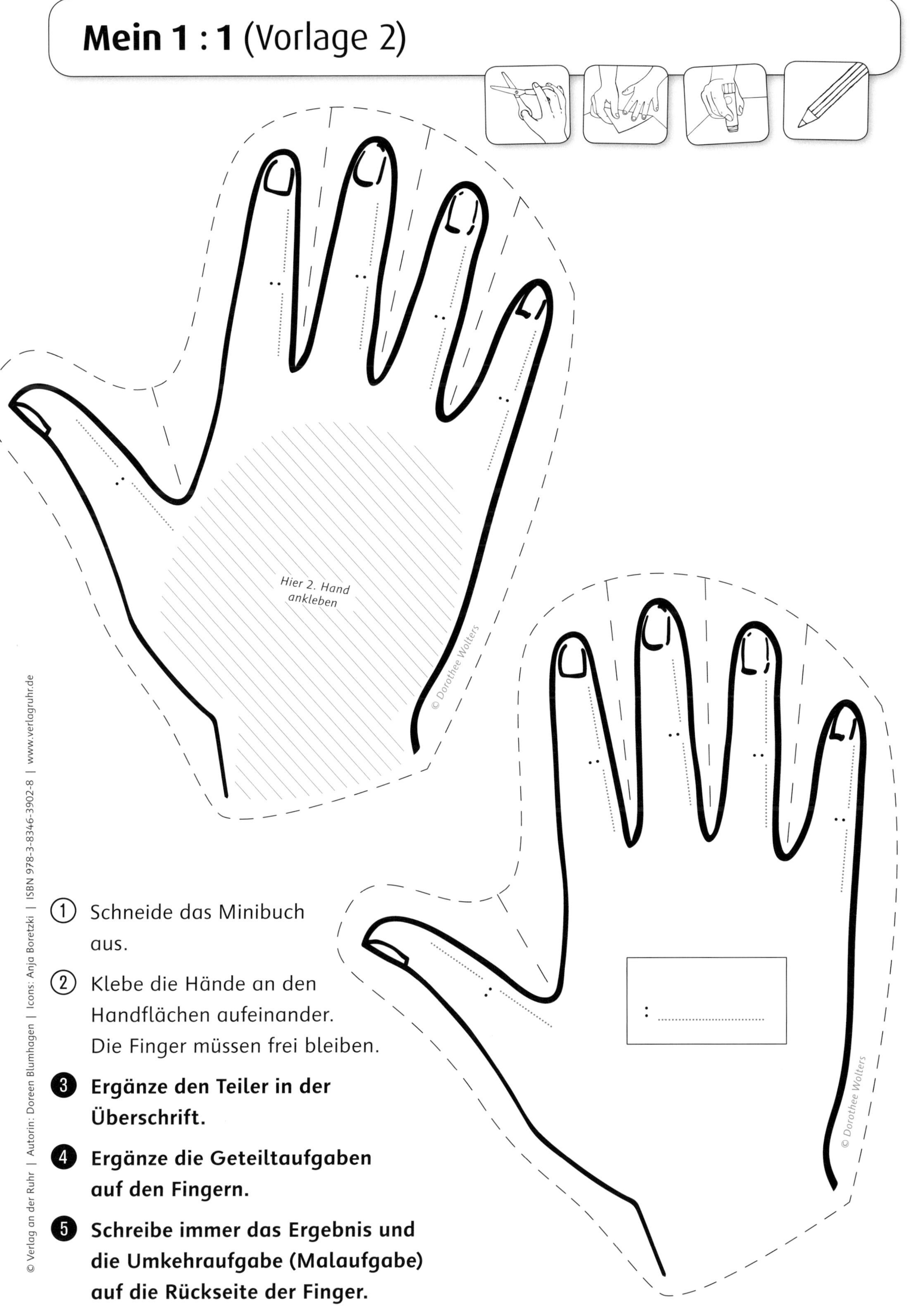


1. Schneide das Minibuch aus.
2. Klebe die Hände an den Handflächen aufeinander. Die Finger müssen frei bleiben.
3. **Ergänze den Teiler in der Überschrift.**
4. **Ergänze die Geteiltaufgaben auf den Fingern.**
5. **Schreibe immer das Ergebnis und die Umkehraufgabe (Malaufgabe) auf die Rückseite der Finger.**

# **Mein 1 : 1** (Vorlage 3)

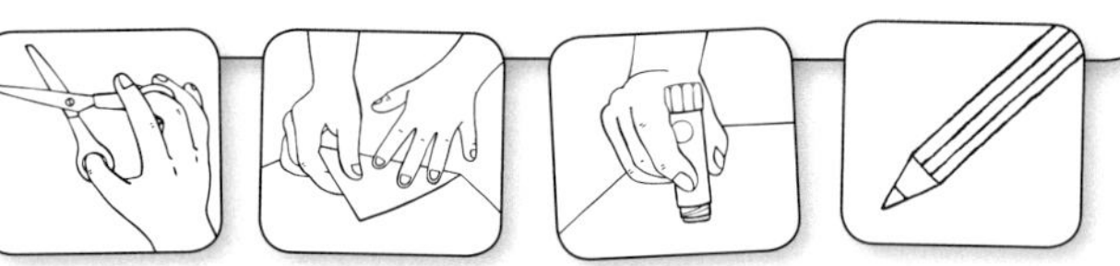

① Schneide das Minibuch aus.

② Lege die beiden Seiten aufeinander und klebe sie mit der Klebefläche zusammen.

③ Klebe das Minibuch mit der Rückseite auf dein Lapbook.

**❹ Ergänze den Teiler in der Überschrift.**

**❺ Schreibe die Geteiltaufgaben auf die Vorderseite der Klappen.**

**❻ Schreibe immer das Ergebnis und die Umkehraufgabe (Malaufgabe) auf die Rückseite der Klappen.**

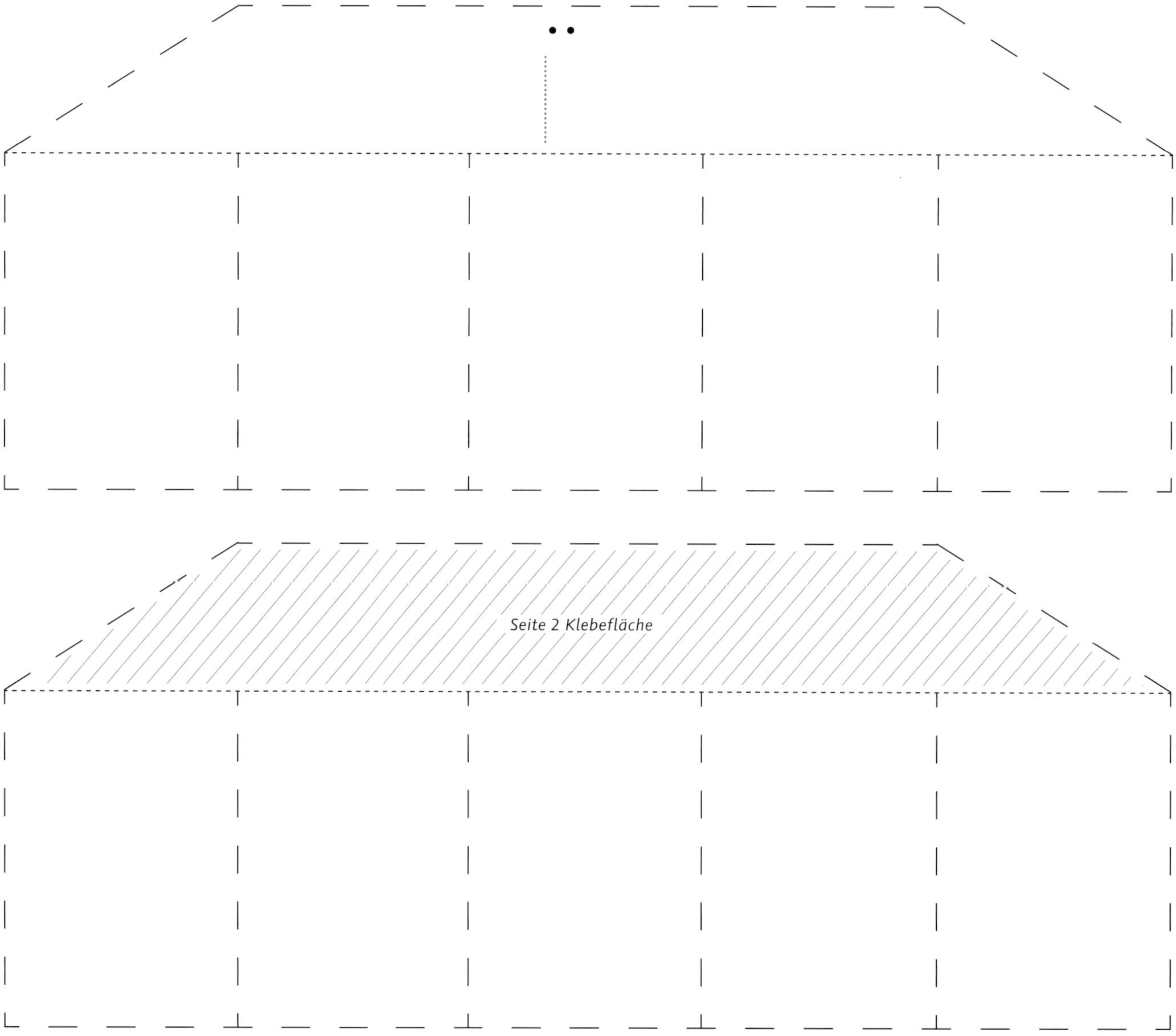

:

*Seite 2 Klebefläche*

# **Mein 1 : 1** (Vorlage 4)

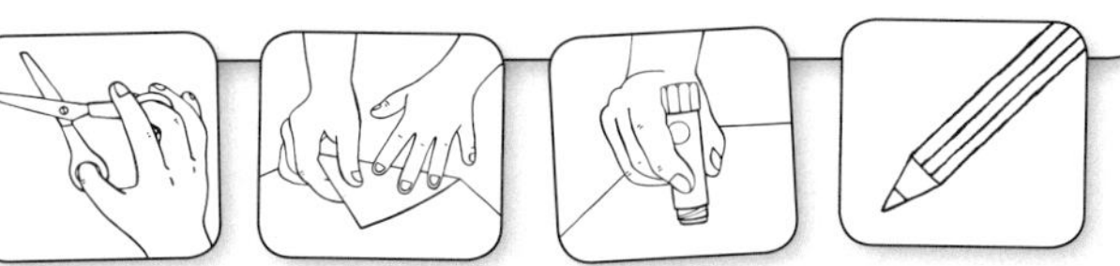

① Schneide die Dreiecke aus und lege sie aufeinander.
Das Dreieck mit dem grauen Feld liegt oben!

② Stich in allen Dreiecken den schwarzen Punkt ein.

③ Stich ein kleines Loch in dein Lapbook.

④ Verbinde die Dreiecke am Lapbook mit einer Musterbeutelklammer. 

❺ **Ergänze den Teiler in der Überschrift.**

❻ **Schreibe die Geteiltaufgaben auf die Vorderseiten der Dreiecke.**

❼ **Schreibe immer das Ergebnis und die Umkehraufgabe (Malaufgabe) auf die Rückseite der Dreiecke.**

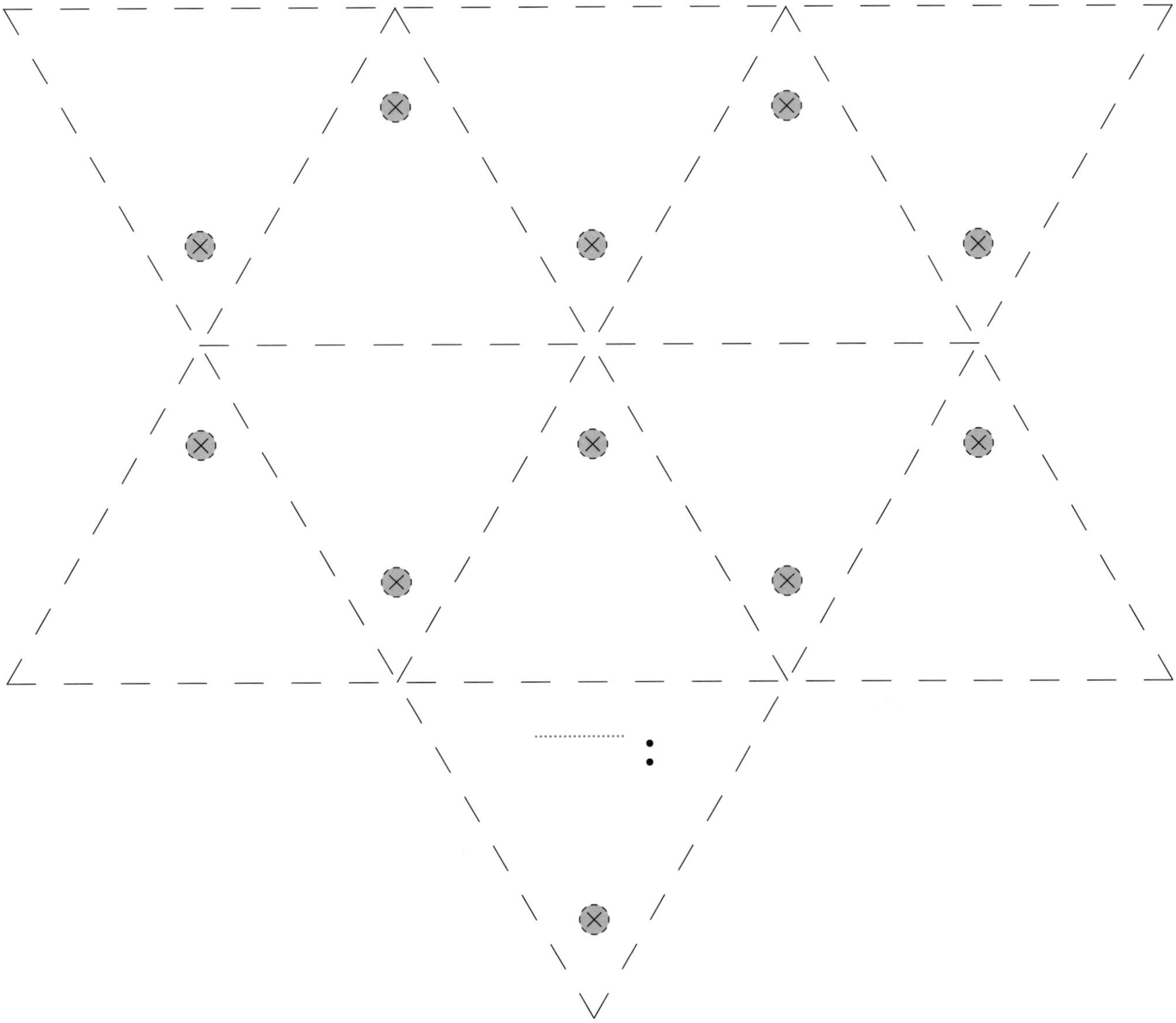

.............. :

# Mein 1 : 1 (Vorlage 5)

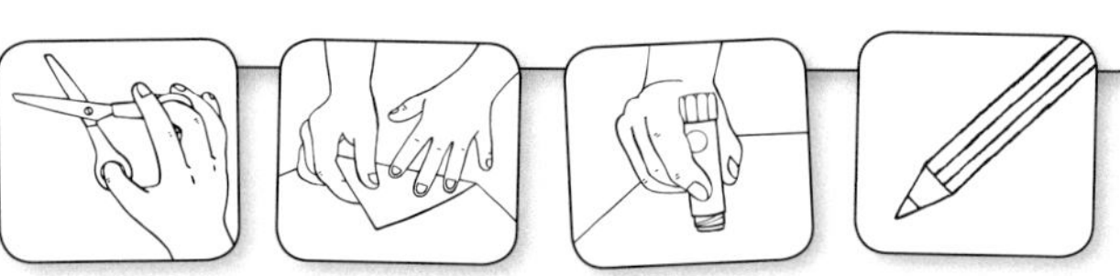

① Schneide das Minibuch aus. Drehe es auf die unbedruckte Seite.

② Falte erst die kleinen Klappen zur Mitte. Falte dann das Minibuch noch einmal in der Mitte.

③ Klebe das Minibuch mit der Klebefläche auf dein Lapbook.

❹ **Ergänze den Teiler in der Überschrift.**

❺ **Schreibe die Geteiltaufgaben auf die geschlossenen Klappen.**

❻ **Schreibe immer das Ergebnis und die Umkehraufgabe (Malaufgabe) in die geöffneten Klappen.**

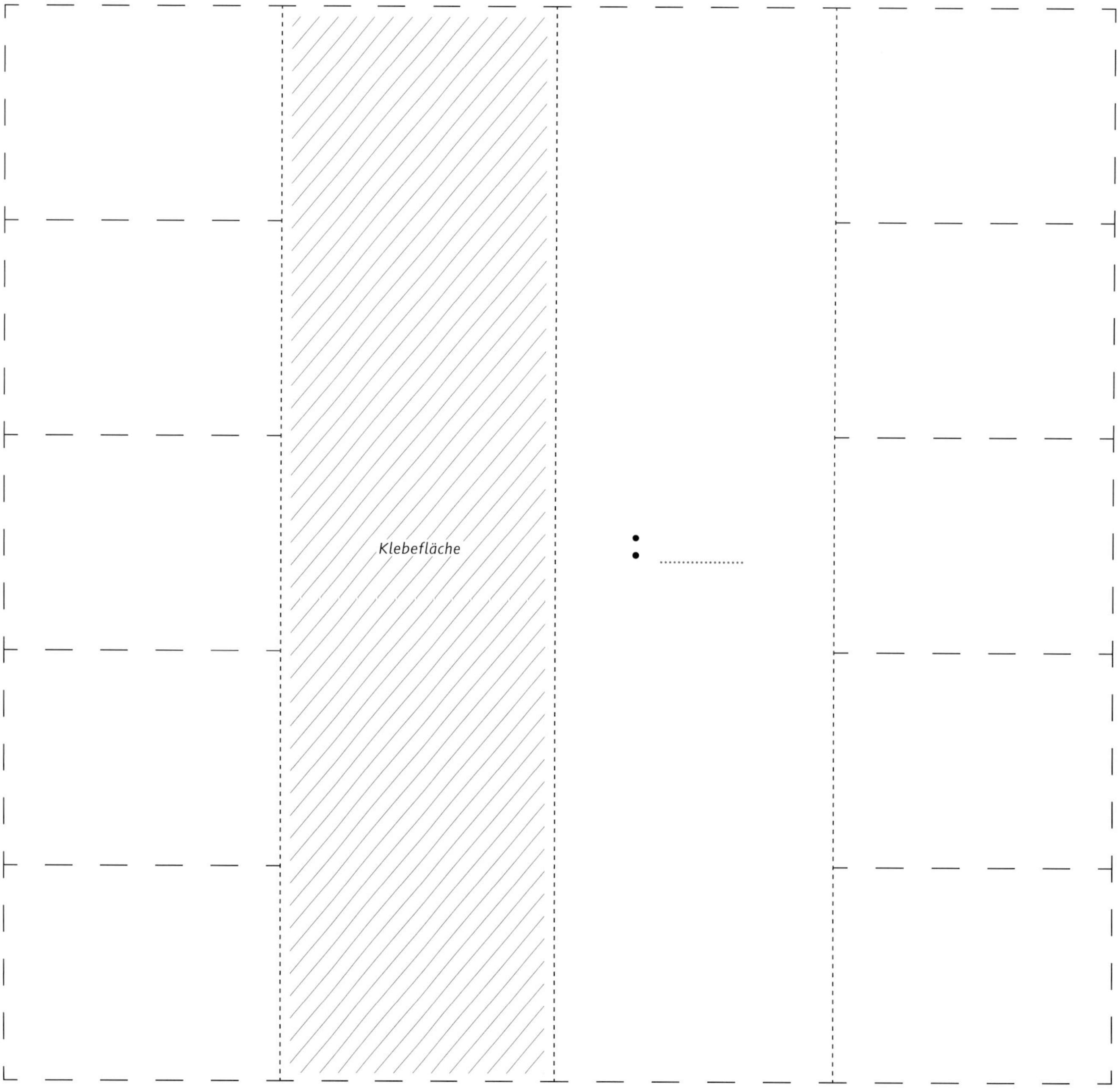

Klebefläche

: ..................

# Mein 1 : 1 (Vorlage 6)

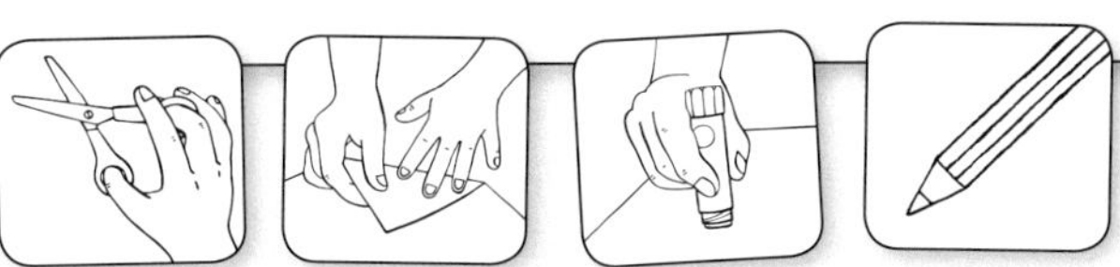

① Schneide das Minibuch aus.

② Klebe das Minibuch nur mit dem Streifen in der Mitte auf dein Lapbook.

**❸ Ergänze den Teiler in der Überschrift.**

**❹ Schreibe die Geteiltaufgaben auf die Vorderseiten der Klappen.**

**❺ Schreibe immer das Ergebnis und die Umkehraufgabe (Malaufgabe) auf die Rückseiten der Klappen.**

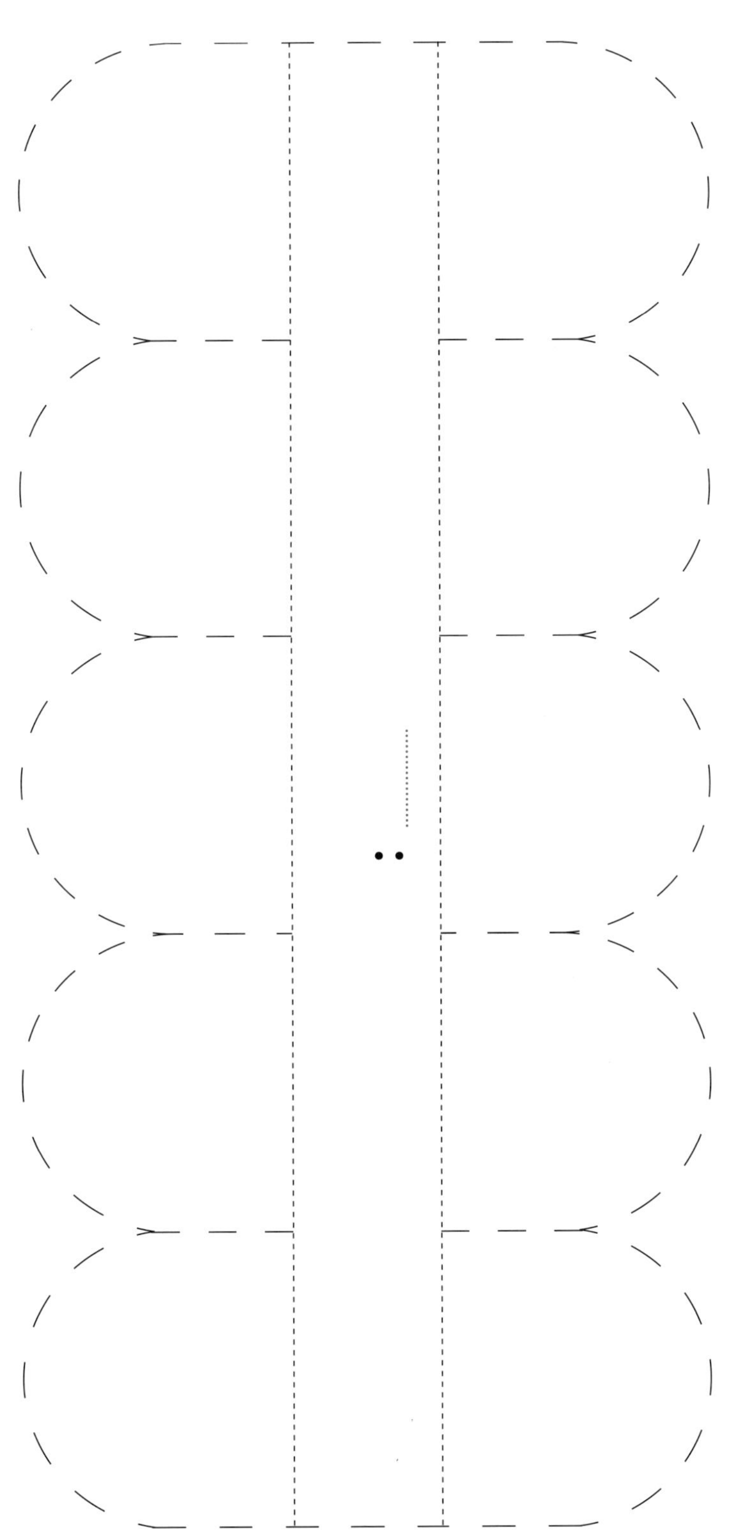

# Mein 1 : 1 (Vorlage 7)

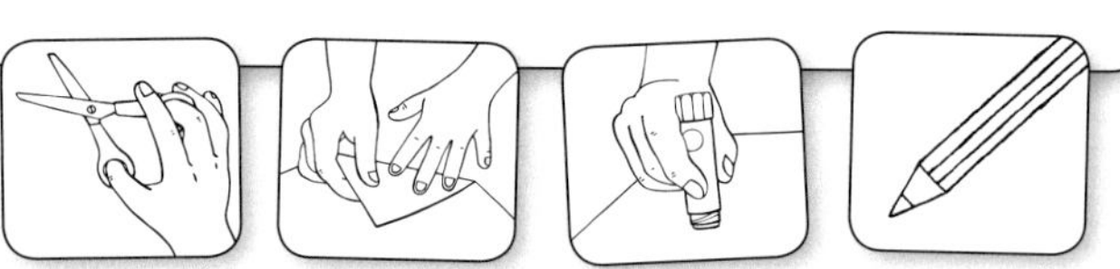

① Schneide das Minibuch aus.

② Lege die Seiten aufeinander. Verbinde sie mit einem Heftgerät.

③ Klebe das Heft mit der Rückseite auf dein Lapbook.

**❹ Ergänze den Teiler in der Überschrift.**

**❺ Schreibe die Geteiltaufgaben auf den sichtbaren Teil der Klappen.**

**❻ Schreibe immer das Ergebnis und die Umkehraufgabe (Malaufgabe) über die Geteiltaufgaben.**

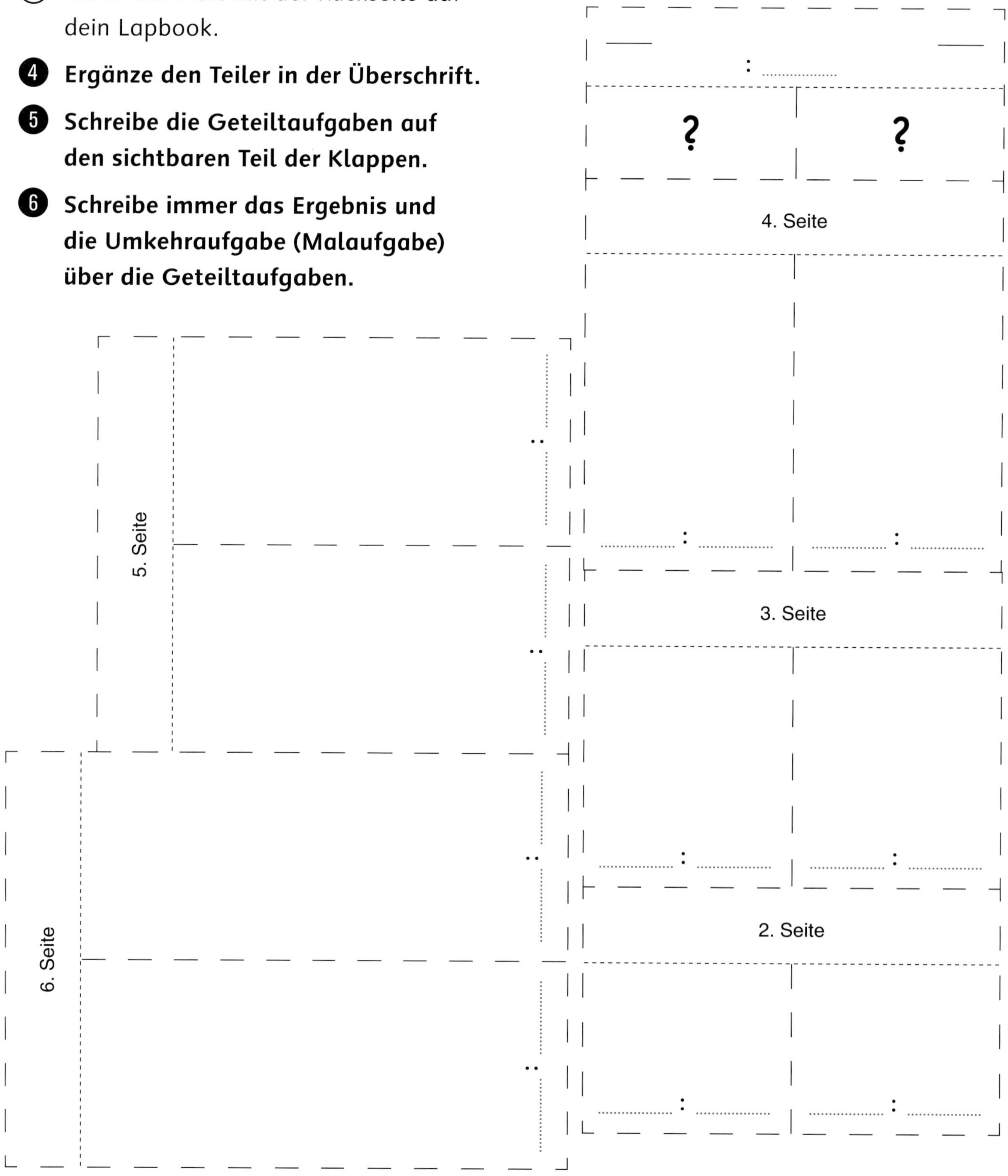

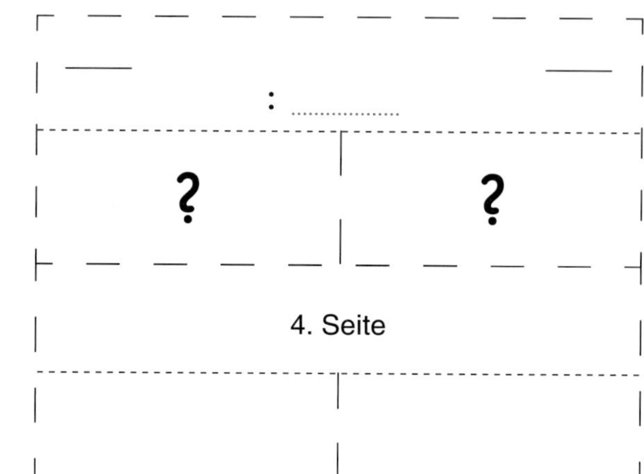


4. Seite

: :

3. Seite

: :

2. Seite

: :

5. Seite

:

:

6. Seite

:

:

# **Mein 1 : 1** (Vorlage 8)

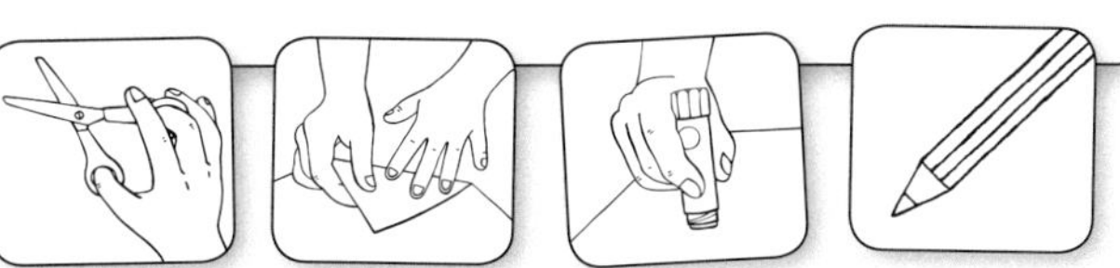

① Schneide das Minibuch aus.

② Falte alle Klappen zur Mitte.

❸ **Ergänze den Teiler in der Überschrift.**

❹ **Ergänze die Geteiltaufgaben auf den geschlossenen Klappen.**

❺ **Schreibe immer das Ergebnis und die Umkehraufgabe (Malaufgabe) auf die geöffneten Klappen.**

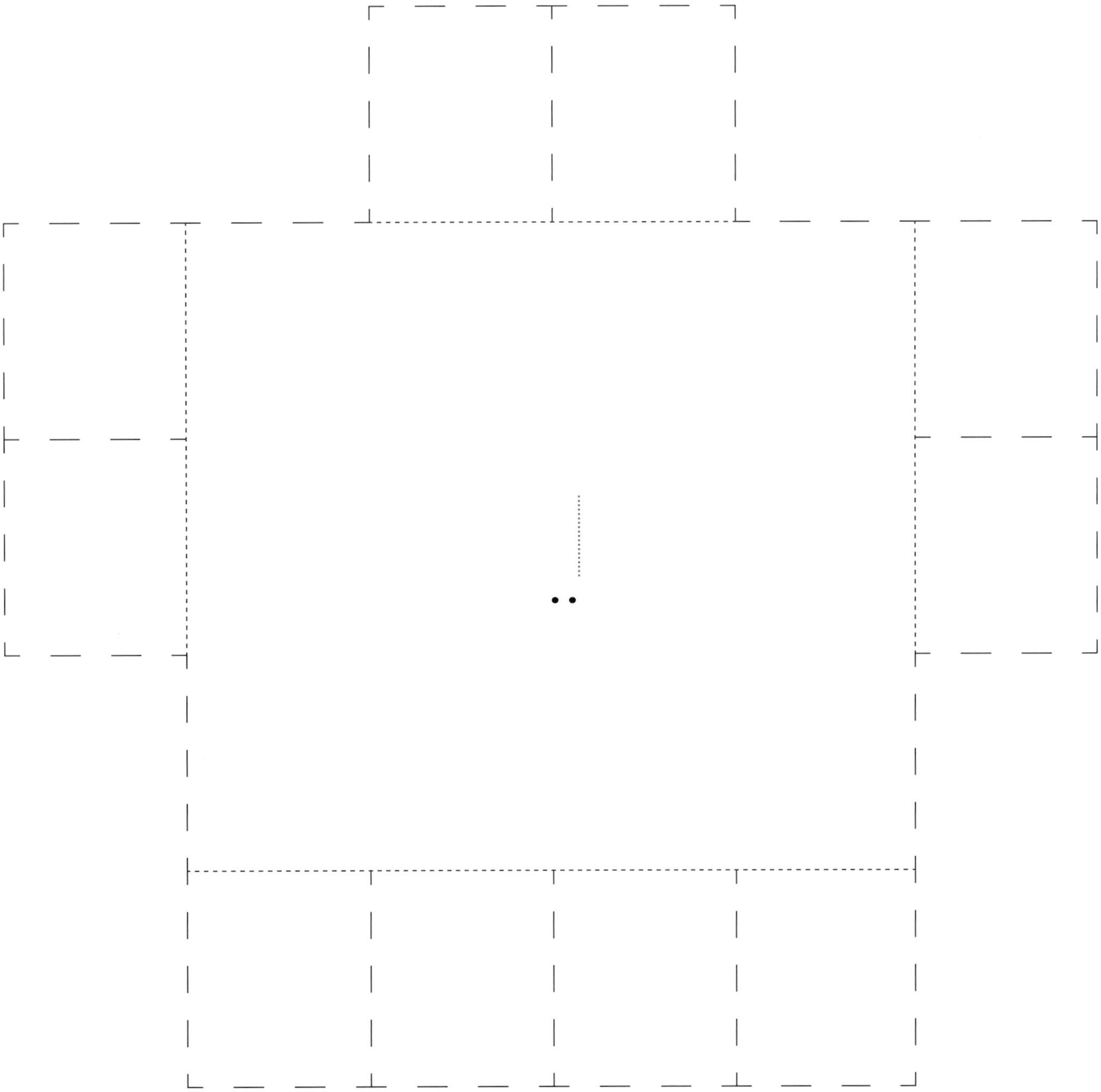

: ......

# Mein 1 : 1 (Vorlage 9)

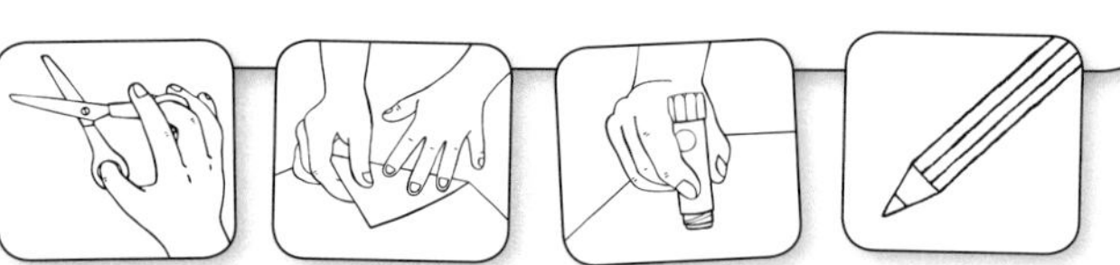

1. Schneide das Minibuch aus.
2. Falte erst alle kleinen Klappen zur Mitte.
3. Falte nun die beiden großen Klappen zur Mitte.
4. Verschließe das Minibuch, indem du die Laschen übereinanderschiebst.
5. **Ergänze den Teiler in der Überschrift.**
6. **Schreibe die Geteiltaufgaben auf die geschlossenen Klappen.**
7. **Schreibe immer das Ergebnis und die Umkehraufgabe (Malaufgabe) auf die geöffneten Klappen.**

........ : ........

........ : ........

........ : ........

........ : ........

........ : ........

*Klebefläche*

........ : ........

........ : ........

........ : ........

........ : ........

........ : ........

........ :

# Mein 1 : 1 (Vorlage 10)

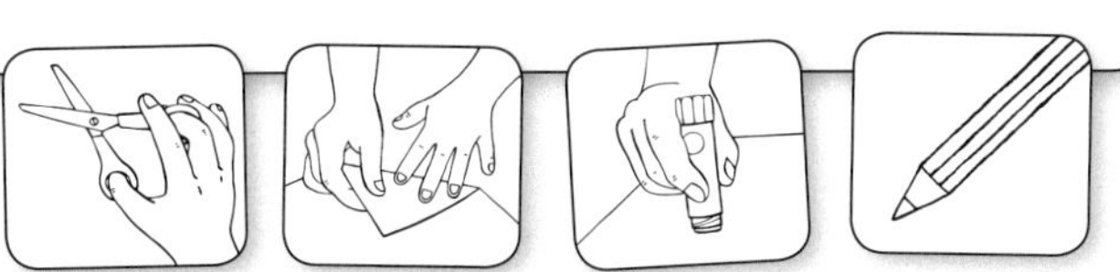

① Schneide das Minibuch aus und klebe die Teile zusammen.

② Schneide die Klappen ein und falte sie nach außen.
Falte sie dann wie bei einem Leporello immer nach vorn und zurück.

③ Klebe das Minibuch mit der Klebefläche auf dein Lapbook.

❹ **Ergänze den Teiler in der Überschrift.**

❺ **Ergänze die Geteiltaufgaben.**

❻ **Schreibe immer das Ergebnis und die Umkehraufgabe (Malaufgabe) auf die geöffneten Klappen.**

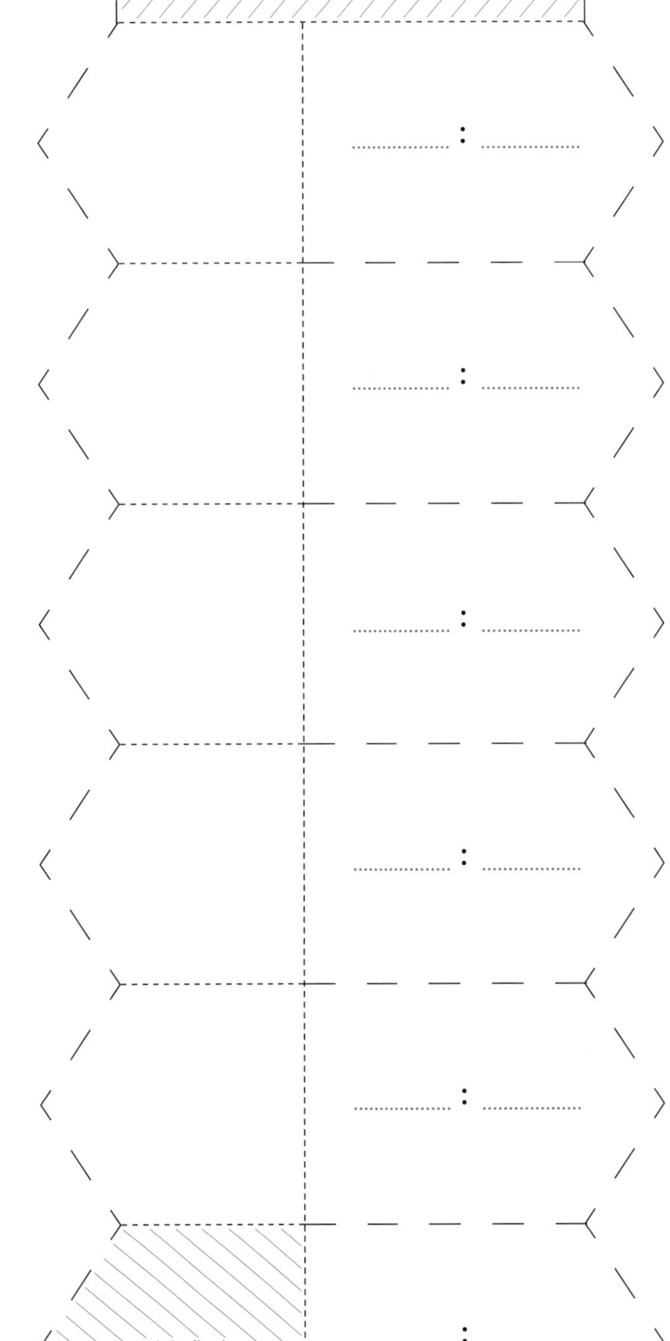

# Mein 1 : 1-Spiel

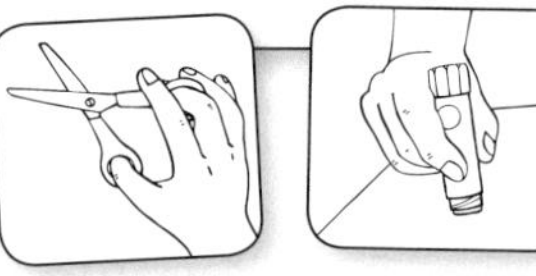

① Stich den schwarzen Punkt der Drehscheibe durch.

② Stecke eine Büroklammer auf eine Musterbeutelklammer.
Stecke die Klammer durch das Loch.
Befestige sie am Lapbook.

③ Klebe das Spiel auf dein Lapbook.

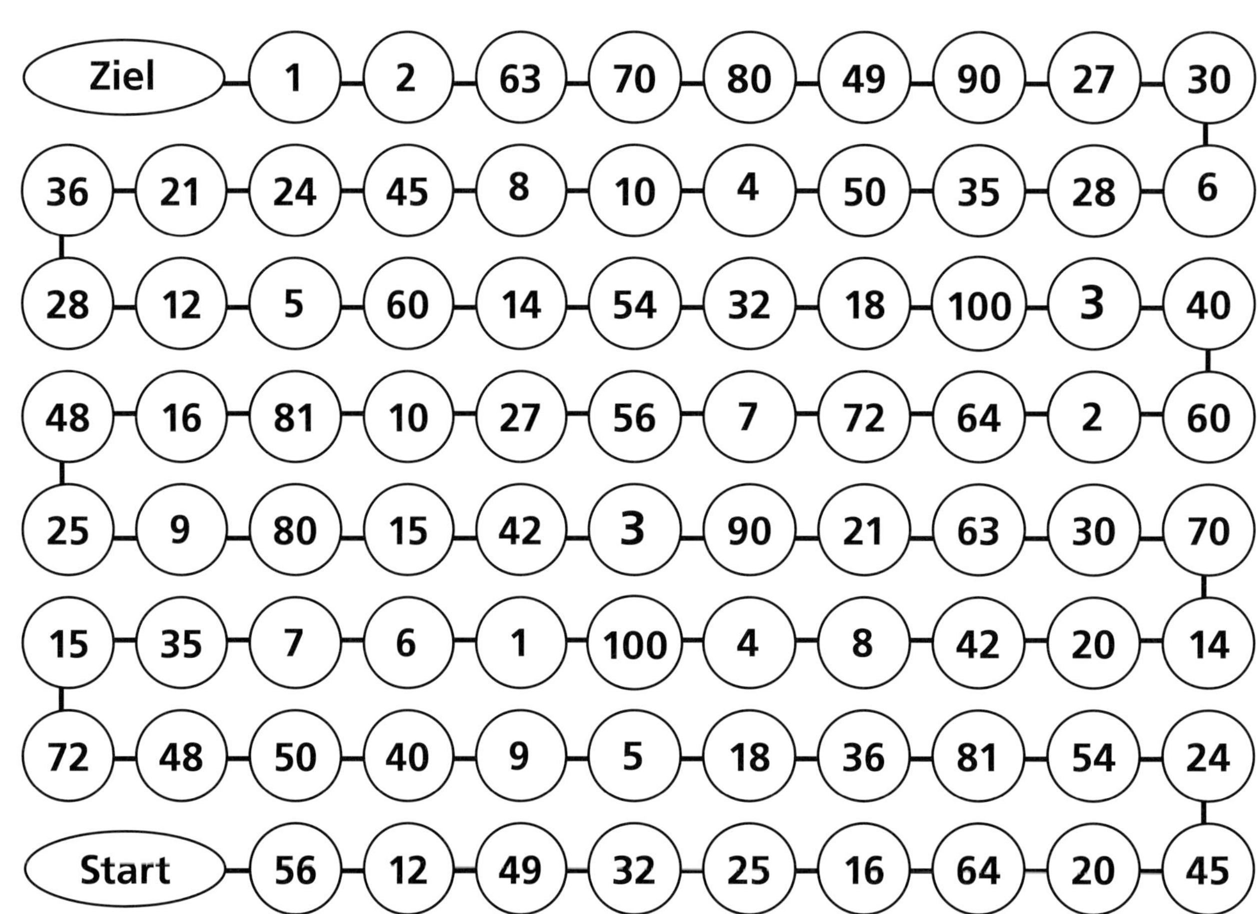


**So geht es:**
Stellt eure Startfiguren auf den Start.
Der 1. Spieler dreht die Büroklammer und setzt die Augenzahl.
Er muss aber nicht auf dem Feld stehen bleiben. Er sagt möglichst viele Geteiltaufgaben mit der Zahl, die auf seinem Feld steht, und rechnet sie aus. Beispiel: Der Spieler dreht eine 2 und kommt auf das Feld mit der 12. Er findet dazu drei Geteiltaufgaben (12 : 2 = ?, 12 : 6 = ? und 12 : 4= ?).
Für jedes richtige Ergebnis darf er ein Feld vorrücken.
Nun ist der nächste Spieler an der Reihe.
Wer zuerst im Ziel ist, gewinnt.

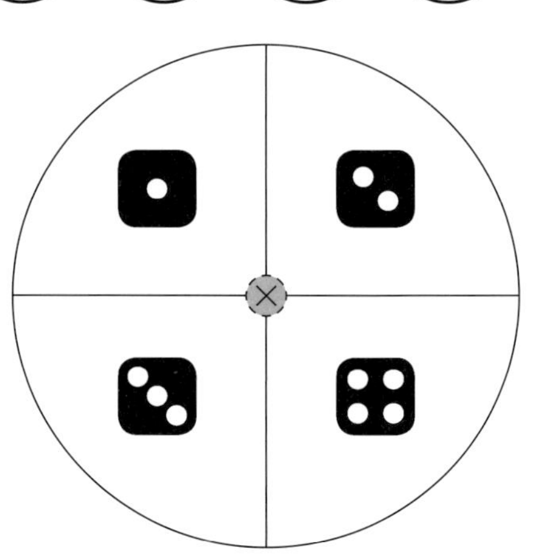

# Meine Legeplättchentasche

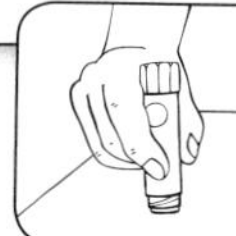

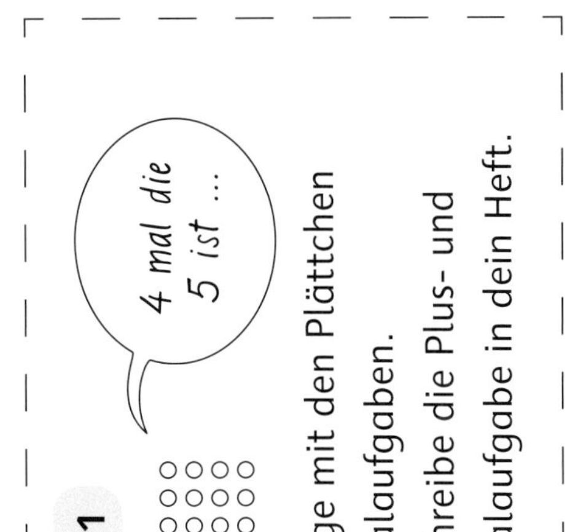


Klebefläche

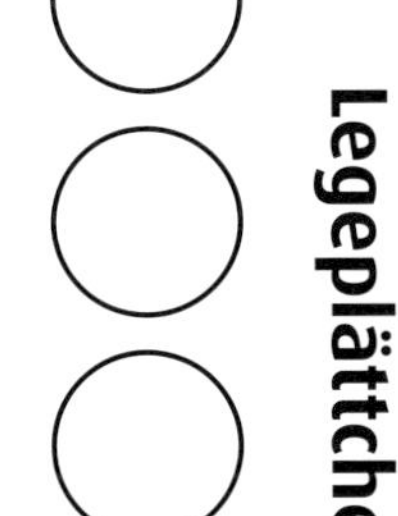

Klebefläche Lapbook

Klebefläche

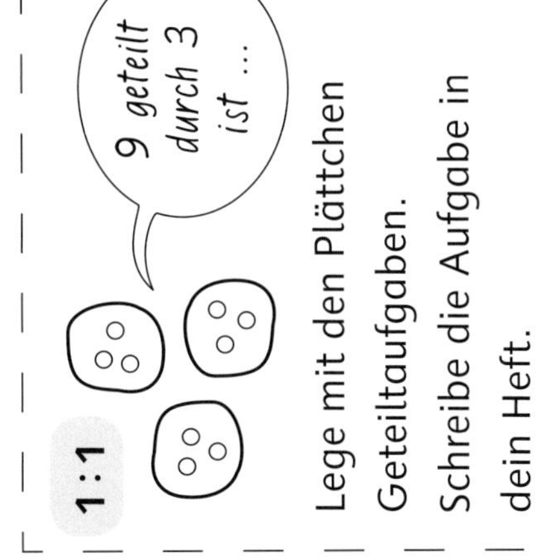


① Schneide das Minibuch aus.

② Falte erst die graue Faltlinie zur Mitte und klebe die Klebeflächen fest. Falte nun die beiden Seitenklappen zur Mitte und die obere Klappe darüber.

❸ **Bewahre deine Legeplättchen in der Tasche auf.**

❹ **Lege mit deinen Plättchen Mal- und Geteiltaufgaben.**

# Aufgabenfamilien

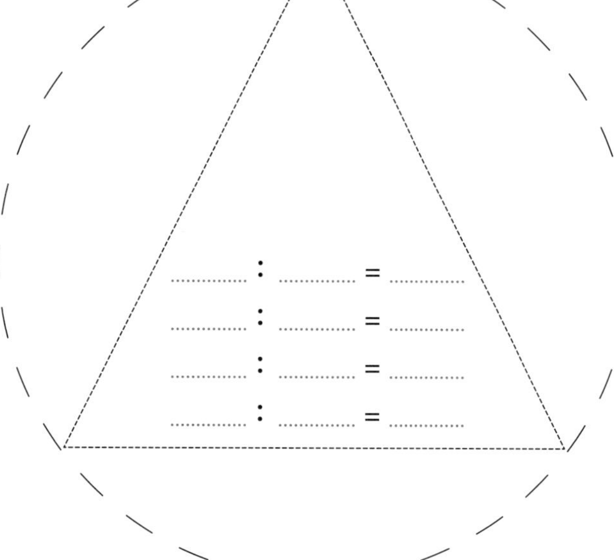

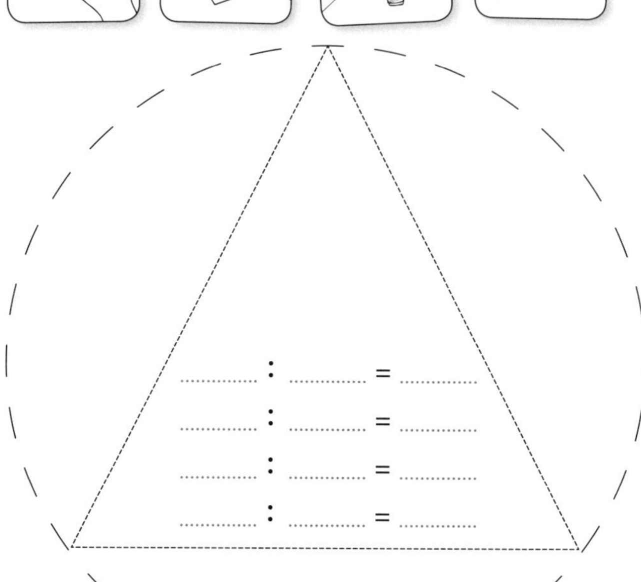

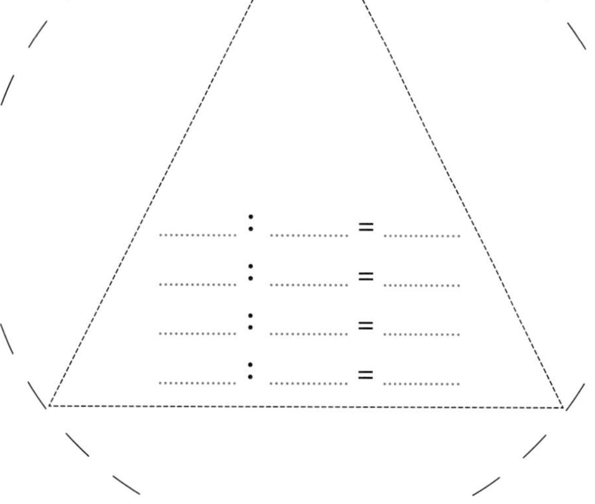

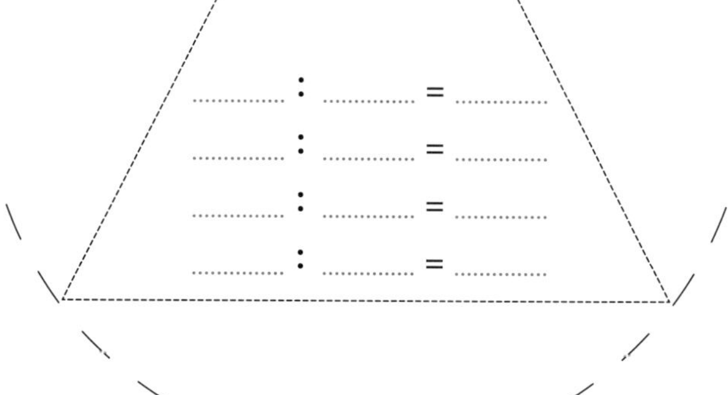

① Schneide die Kreise aus.

② Falte die Klappen der Kreise zur Mitte.
Stecke zum Verschließen die letzte Klappe unter die erste Klappe.
Klebe das Minibuch mit der Rückseite auf dein Lapbook.

❸ **Schreibe auf jede Klappe des geschlossenen Minibuches eine der Zahlen: 8, 4, 24**

❹ **Schreibe in das Dreieck alle Aufgaben der Aufgabenfamilie.**

❺ **Schreibe in die anderen Kreise noch weitere Aufgabenfamilien, zum Beispiel** | **7, ........., 21** | | **9, 6, .........** | | **........., 8, 32** |
**Du kannst auch eigene Aufgabenfamilien schreiben.**

# Rechenrätsel (1/2)

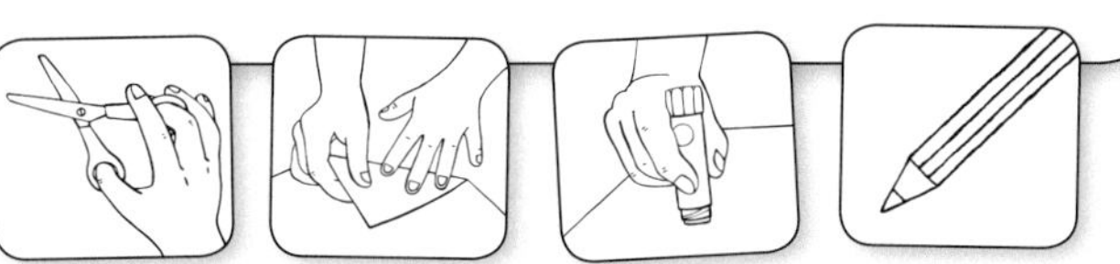

① Schneide die Karten (Seite 59/60) und die Tasche aus.

② Falte die Klebeflächen der Tasche nach hinten und klebe die Tasche auf dein Lapbook.

③ Stecke die Karten in die Tasche.

**❹ Denke dir eigene Zahlenrätsel aus und schreibe sie auf die leeren Karten.**

**❺ Löse die Rätsel auf Seite 60. Schreibe die Lösung auf die Rückseite.**

| | | |
|---|---|---|
| **Mein Rechenrätsel:** | **Mein Rechenrätsel:** | **Mein Rechenrätsel:** |
| **Mein Rechenrätsel:** | **Mein Rechenrätsel:** | **Mein Rechenrätsel:** |
| **Mein Rechenrätsel:** | | |
| **Mein Rechenrätsel:** | | |

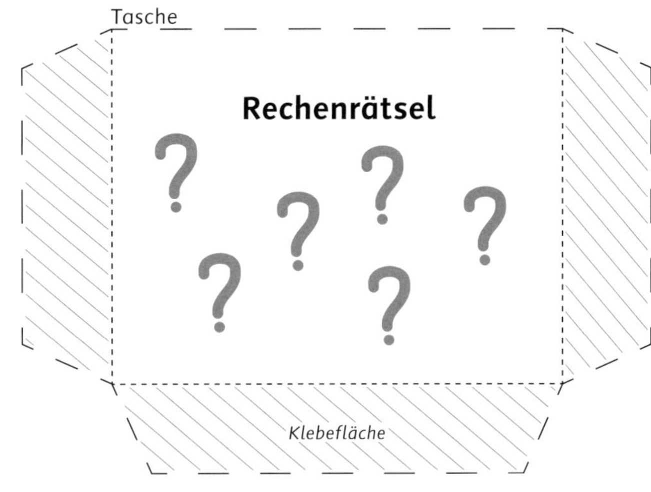

# Rechenrätsel (2/2)

| | | |
|---|---|---|
| Welche Zahl ist das Doppelte von 8? **1 · 1** | Welche Zahl ist das Dreifache von 5? **1 · 1** | Welche Zahl ist das Sechsfache von 6? **1 · 1** |
| Welche Zahlen aus der 7er-Reihe liegen zwischen 55 und 65? **1 · 1** | Welche Zahl kommt in der 3er- und 8er-Reihe vor und liegt zwischen 20 und 30? **1 · 1** | Welche Zahl gehört zur 4er- und zur 5er-Reihe und ist kleiner als 30? **1 · 1** |

| | | |
|---|---|---|
| Welche Zahl ist durch 3, 6 und 9 teilbar? **1 : 1** | Welche Zahl ist die Hälfte von 18? **1 : 1** | Durch welche Zahlen ist 36 teilbar? **1 : 1** |
| Welche Zahlen sind nur durch sich selbst und 1 teilbar und liegen zwischen 50 und 100? **1 : 1** | Welche Zahl ist ein Viertel von 40? **1 : 1** | Welche Zahl ist ein Drittel von 21? **1 : 1** |

# Schwere Aufgaben

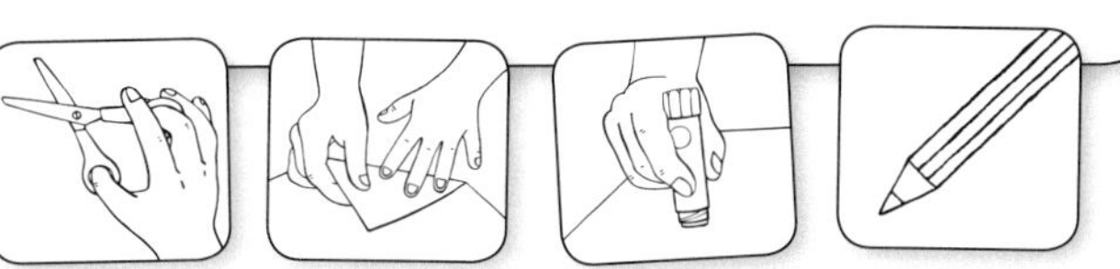

① Schneide das Minibuch aus.

② Falte das Minibuch an den dünnen Faltlinien nach hinten und an der dicken Faltlinie nach vorn.

③ Klebe das Minibuch mit der Klebefläche auf dein Lapbook.

❹ **Schreibe in das Minibuch Mal- und Geteiltaufgaben, die dir sehr schwer fallen und deren Ergebnis du immer wieder vergisst.**

❺ **Hake die Aufgaben ab oder streiche sie durch, wenn du die Aufgabe auswendig gelernt hast.**

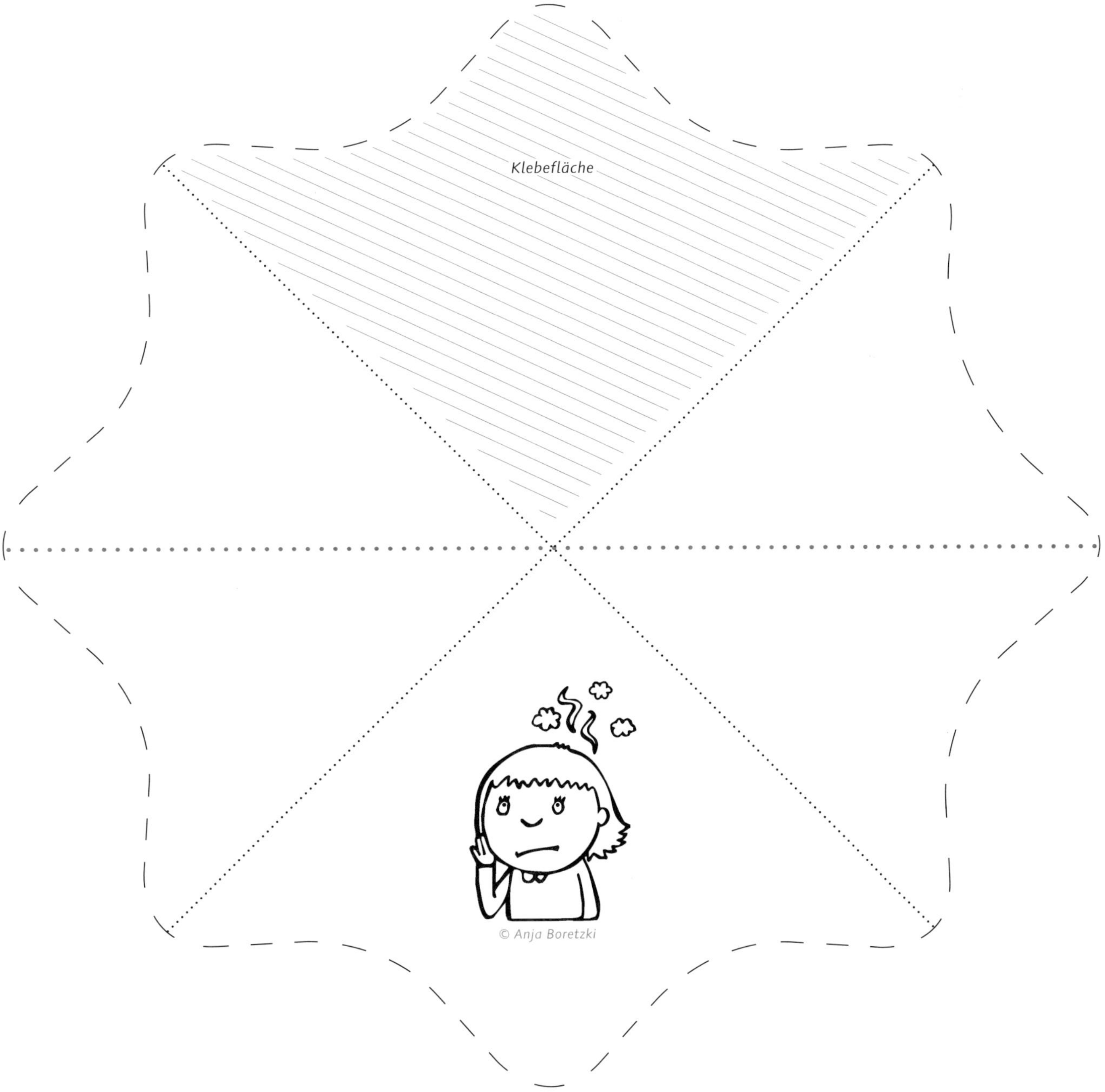

Klebefläche

# Mein 1 · 1- und 1 : 1-Pass (1/2)

**1 · 1- und 1 : 1- Pass**

© Anja Boretzki

Der Besitzer dieses Ausweises beherrscht alle angekreuzten Mal- und Geteiltaufgaben.

Name: ..............................

*Die Einmaleinsbehörde*

© Anja Boretzki

..............................
Unterschrift

- ○ 1 · 1 Datum: ..............................
- ○ 1 · 2 Datum: ..............................
- ○ 1 · 3 Datum: ..............................
- ○ 1 · 4 Datum: ..............................
- ○ 1 · 5 Datum: ..............................
- ○ 1 · 6 Datum: ..............................
- ○ 1 · 7 Datum: ..............................
- ○ 1 · 8 Datum: ..............................
- ○ 1 · 9 Datum: ..............................
- ○ 1 · 10 Datum: ..............................

- ○ 1 : 1 Datum: ..............................
- ○ 2 : 1 Datum: ..............................
- ○ 3 : 1 Datum: ..............................
- ○ 4 : 1 Datum: ..............................
- ○ 5 : 1 Datum: ..............................
- ○ 6 : 1 Datum: ..............................
- ○ 7 : 1 Datum: ..............................
- ○ 8 : 1 Datum: ..............................
- ○ 9 : 1 Datum: ..............................
- ○ 10 : 1 Datum: ..............................

**Kreuz und quer:**

- ○ alle Einmaleinsaufgaben
  Datum: ..............................
- ○ alle Einsdurcheins-aufgaben
  Datum: ..............................
- ○ alle Einmaleins- und Einsdurcheinsaufgaben
  Datum: ..............................

*Klebefläche Lapbook*

# Mein 1 · 1- und 1 : 1-Pass (2/2)

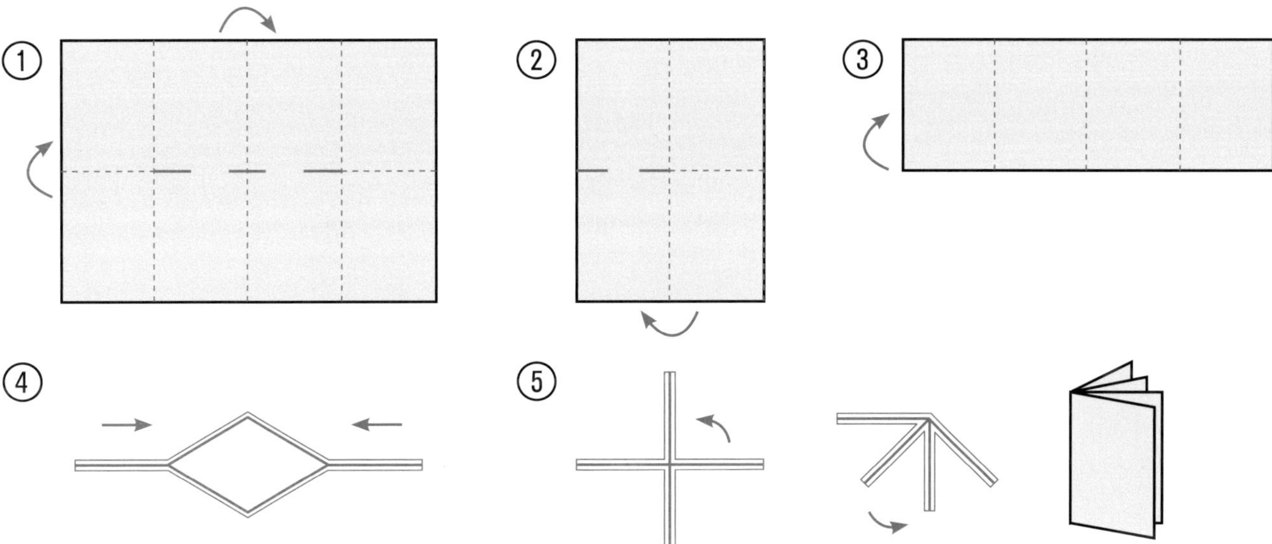


① Schneide die Vorlage an der Schneidelinie aus.
Falte an allen angegebenen Faltlinien.

② Falte das Blatt auf die Hälfte zusammen und
schneide die Schneidelinie ein.

③ Falte es wieder auseinander und anschließend der Länge nach wieder
zusammen.

④ Schaue dir das Buch von oben an. Fasse es rechts und links
an den geschlossenen Seiten an und schiebe es zusammen.

⑤ Den entstandenen Stern kannst du nun zu einem Buch
zusammenklappen.

**Du kannst eine Reihe des Einmaleins und Einsdurcheins auswendig? Dann melde dich zur mündlichen Prüfung an.**
**Gib den Pass bei deinem Lehrer ab.**
**Achtung: Die Aufgaben werden immer durcheinander geprüft!**



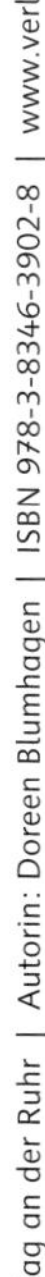

# Medientipps

## Deutsch

*Blumhagen, Doreen:*
**Mein ABC-Lapbook.**
Verlag an der Ruhr, 2018.
ISBN 978-3-8346-3792-5

*Blumhagen, Doreen:*
**Mein Lesetagebuch-Lapbook.**
Verlag an der Ruhr, 2017.
ISBN 978-3-8346-3695-9

## Sachunterricht

*Blumhagen, Doreen:*
**Mein „Das bin ich!"-Lapbook.**
Verlag an der Ruhr, 2016.
ISBN 9783834631176

*Blumhagen, Doreen:*
**Mein Grundschulzeit-Lapbook.**
Verlag an der Ruhr, 2017.
ISBN 978-3-8346-3580-8

*Blumhagen, Doreen:*
**Mein „Hier lebe ich"-Lapbook.**
Verlag an der Ruhr, 2017.
ISBN 978-3-8346-3696-6

## Religion

*Blumhagen, Doreen:*
**Mein Kirchenjahr-Lapbook.**
Verlag an der Ruhr, 2018.
ISBN 978-3-8346-3793-2

*Blumhagen, Doreen:*
**Mein Weihnachts-Lapbook.**
Verlag an der Ruhr, 2016.
ISBN 978-3-8346-3199-2

## Mathematik

*Blumhagen, Doreen:*
**Mein Uhrzeiten-Lapbook.**
Verlag an der Ruhr, 2019.
ISBN 978-3-8346-3903-5

*Fink, Christine:*
**55 Fünf-Minuten-Matheübungen.**
Klasse 1-4. Verlag an der Ruhr, 2005.
ISBN 978-3-8346-0915-1

*Redaktionsteam Verlag an der Ruhr:*
**Merk-Poster. Mathe-Wissen auf einen Blick – Klasse 1/2.** Verlag an der Ruhr, 2011.
ISBN 978-3-8346-0870-3

*Redaktionsteam Verlag an der Ruhr:*
**Merk-Poster. Mathe-Wissen auf einen Blick – Klasse 3/4.** Verlag an der Ruhr, 2011.
ISBN 978-3-8346-0871-0